그리스 로마 신화

② 인간의 탄생과 올림포스

글 양태석 그림 조성경

은하수 미디어
EUNHASOOMEDIA

올림포스 신들

아프로디테
사랑과 아름다움의 여신

데메테르
곡식과 농사의 여신

헤파이스토스
불과 대장장이의 신

아테나
지혜와 전쟁의 여신

포세이돈
바다의 신

차례

1. 인간의 탄생 ………… 8
2. 판도라의 항아리 ………… 26
3. 세상을 덮친 대홍수 ………… 42
4. 아프로디테와 에로스 ………… 60
5. 버려진 신, 헤파이스토스 ………… 70
6. 아폴론과 거대한 뱀 ………… 84
7. 사냥의 여신, 아르테미스 ………… 98
8. 하데스와 페르세포네 ………… 112

9 아테나와 아라크네 ········· 128

10 전령의 신, 헤르메스 ········· 142

11 전쟁을 좋아하는 아레스 ········· 158

12 술과 축제의 신, 디오니소스 ········· 172

그리스 로마 신화를 읽는 이유 ········ 194
신화 박물관 ········ 196
신화 퀴즈 ········ 200
상상하기 ········ 202
신들의 이름 ········ 203
신들의 계보 ········ 204
헤르메스와 미로 찾기! ········ 206

부록 그리스 로마 신화 캐릭터 카드

인간의 탄생

제우스는 손재주가 뛰어난 프로메테우스에게 새로운 생명체를 만들라고 명령했어요. 프로메테우스는 여러 동물과 인간을 만들고, 제우스 몰래 불을 훔쳐 인간에게 주었어요. 이 사실을 안 제우스는 과연 어떻게 했을까요?

1 인간의 탄생

신들의 치열한 전쟁이 끝난 어느 날, 제우스는 올림포스산에서 세상을 내려다보았어요. 기나긴 전쟁으로 세상은 황폐해져 있었어요.

"땅에 살아 움직이는 생명체가 있으면 좋겠군."

제우스는 손재주가 뛰어난 프로메테우스와 그의 동생 에피메테우스를 올림포스 궁전으로 불렀어요.

"땅 위 세상이 너무 쓸쓸하니 다양한 생명체를 만들어 보시오."

"예, 알겠습니다."

프로메테우스 형제는 곧 그리스의 어느 강가로 내려갔어요. 이때 지혜와 전쟁의 여신 아테나가 형제의 뒤를 따라와 선물이 든 보따리를 건넸어요.

"제우스 님께서 당신들이 만들 생명체에게 주시는 선물입니다."

선물을 받은 프로메테우스 형제는 강가의 진흙으로 무언가를 만들기 시작했어요.

그것은 다양한 동물들이었어요. 형제는 사자와 코끼리, 기린을 만들고 새와 물고기 등도 만들었어요.

에피메테우스는 제우스가 준 보따리를 열어 동물들에게 선물을 하나씩 나누어 주었어요. 사자에게는 날카로운 이빨을, 코끼리에게는 긴 코를, 기린에게는 긴 목을 주었어요. 또 새에게는 날개를, 물고기에게는 헤엄치기 좋은 지느러미를 주었지요.

그러자 아테나가 나서서 말했어요.

"내가 이것들에게 생명을 불어 넣어 줄게요."

아테나가 입김을 불어 넣자마자 동물들은 살아서 움직이기 시작했어요. 프로메테우스는 동물들에게 각각 이름도 지어 주었어요.

동물들이 들판을 뛰어다니자 세상은 훨씬 아름답고 활기차 보였어요. 새들은 하늘을 날아다니고, 물고기는 물속에서 헤엄을 쳤지요.

"아직도 뭔가 부족한 것 같은데……."

수많은 동물을 만든 뒤 프로메테우스는 고개를 갸웃거렸어요.

프로메테우스는 진흙을 움켜쥐더니 다시 무언가를 만들었어요. 그것은 신들의 모습을 닮은 새로운 생명체였어요.

"흠, 괜찮은 것 같구나."

"오, 멋지네요!"

프로메테우스 형제는 새로 만든 생명체가 아주 마음에 들었어요.

"이 생명체를 인간이라고 부르자!"

아테나도 인간이 마음에 들었어요. 아테나가 생명을 불어 넣자 인간은 곧 살아서 움직였어요. 프로메테우스는 며칠 동안 쉬지 않고 인간을 만들었는데, 전부 남자였어요.

프로메테우스는 인간에게도 선물을 주려고 선물 보따리를 열어 보았어요. 그런데 이미 에피메테우스가 동물들에게 선물을 다 나눠 준 뒤라 보따리에는 아무것도 남아 있지 않았어요.
　"날개와 날카로운 이빨, 날쌘 다리 같은 선물을 동물들에게 다 주어서 인간들에게는 줄 것이 없구나. 그럼 인간들은 어떻게 살아가지?"

새로 태어난 인간들은 추워서 다들 부들부들 떨었어요. 그 모습을 보고 프로메테우스가 말했어요.

"인간들에게 불을 줘야겠다."

"그건 안 돼요! 불은 신들만 쓸 수 있잖아요."

에피메테우스가 깜짝 놀라며 반대했어요.

"인간들이 고통스러워하는 모습을 더는 볼 수 없어. 인간에게는 불이 꼭 필요해!"

프로메테우스는 곧장 제우스를 찾아가 말했어요.

"선물을 동물들에게 다 줘서 인간들에게는 줄 것이 없습니다. 인간에게 불을 주면 어떻겠습니까? 불이 있으면 음식도 익혀 먹을 수 있고, 추위로부터 몸을 보호할 수도 있을 겁니다."

제우스는 펄쩍 뛰며 반대했어요.

"인간들이 불을 가지면 신들을 우습게 여길 것이 분명하오. 불은 절대 줄 수 없소!"

제우스가 허락하지 않자, 프로메테우스는 돌아가는 척하다가 몰래 올림포스의 대장간으로 숨어들었어요. 마침 대장장이의 신 헤파이스토스도 어디 갔는지 보이지 않았어요.

 결국 프로메테우스는 불을 훔쳐 땅으로 내려가 인간들에게 나누어 주었어요. 불을 이용하는 방법도 자세히 가르쳐 주었지요.

"와, 불은 정말 좋은 거구나!"

불을 받게 된 인간들은 너무나 기뻐했어요.

그때부터 인간들은 불로 음식을 익혀 먹고 추위도 막을 수 있게 되었어요.

또한 횃불과 모닥불을 만들어 사나운 짐승을 쫓아낼 수도 있게 되었어요. 불로 쇠를 녹여서 농기구와 무기를 만들어 쓰기도 했어요.

이렇게 불을 사용한 뒤로 점점 살기 좋아지자, 인간들은 조금씩 잘난 체하며 뽐내기 시작했어요.

어떤 인간들은 신에게 감사하기는커녕 신들을 무시하기도 했어요. 그 모습을 본 에피메테우스가 걱정스럽게 말했어요.

"제우스 님이 아시면 크게 화내실 텐데……."

프로메테우스도 막상 일을 저지르고 보니 걱정이 되었어요.

얼마 뒤 이 사실을 알게 된 제우스는 불같이 화를 냈어요.

"프로메테우스가 나를 속이다니! 반드시 그 대가를 치르게 해 주겠다!"

제우스는 땅에 긴 가뭄이 들게 하여 인간들이 살 수 없게 했어요.

"비가 내리지 않으니 곡식도 자라지 않고, 이러다가 모두 굶어 죽겠어."

걱정이 된 프로메테우스는 인간들에게 소를 잡아 제우스에게 제사를 지내라고 가르쳐 주었어요. 그 말에 따라 인간들이 소를 잡자 프로메테우스가 또 한 가지를 일러 주었어요.

"맛있는 살코기와 내장을 두꺼운 소가죽으로 감싸라. 그리고 살을 발라낸 뼈는 기름기가 도는 지방으로 보기 좋게 감싸라."

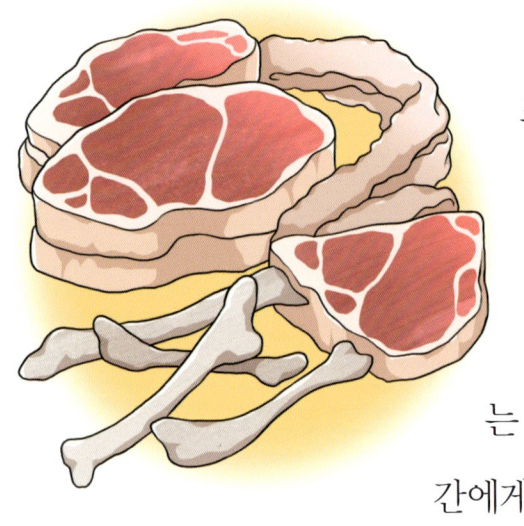

프로메테우스는 제우스에게 둘 중에 보기 좋게 감싼 뼈를 선택하게 하고, 맛있는 살코기와 내장은 인간에게 줄 속셈이었어요.

인간들이 제우스에게 제사를 지내고 난 뒤, 프로메테우스는 고깃덩어리 두 개를 가지고 올림포스로 올라갔어요.

"제우스 님, 인간들이 정성을 다해 올린 제물을 드리려고 합니다. 어느 쪽을 선택하시겠습니까?"

프로메테우스가 물었어요.

"흠, 이쪽이 기름기가 돌고 좋아 보이는군."

제우스는 프로메테우스의 생각대로 지방으로 감싼 뼈를 골랐어요.

프로메테우스가 돌아간 뒤 제우스는 자신이 속은 것을 알게 되었어요.

"또다시 나를 속이다니, 정말 괘씸하구나! 이번엔 가만두지 않을 테다!"

제우스는 무섭게 화를 냈어요.

프로메테우스도 곧 자신에게 나쁜 일이 생길 것을 알고 있었어요. 그래서 에피메테우스에게 단단히 일러두었어요.

"나한테 무슨 일이 생기면 내 아들 데우칼리온을 잘 돌보아다오. 그리고 제우스 님이 주는 선물은 그 어떤 것이라도 절대 받으면 안 된다!"

에피메테우스는 형의 말을 따르겠다고 했어요.

한편, 머리끝까지 화가 난 제우스는 큰 소리로 명령을 내렸어요.

"프로메테우스를 당장 잡아 오너라!"

프로메테우스가 양손에 쇠사슬을 찬 채 올림포스로 끌려오자, 제우스가 버럭 외쳤어요.

"인간들을 위해 나를 두 번이나 속이다니! 도저히 용서할 수 없다!"

프로메테우스는 지지 않고 당당히 말했어요.

"힘없는 인간들에게 불을 가져다준 것이 무슨 잘못입니까?"

"뭐라고? 네가 아직도 자기 잘못을 모르는구나. 여봐라, 저자를 카우카소스산 꼭대기에 영원히 묶어 두어라!"

"당신의 권력은 영원한 것이 아닙니다!"

프로메테우스는 끌려가면서도 자신의 뜻을 굽히지 않았어요.

"저런 괘씸한 자 같으니라고! 날마다 독수리를 보내 저자의 간을 쪼아 먹게 해라!"

제우스는 크게 화를 냈어요.

프로메테우스는 카우카소스산 꼭대기 바위에 묶였어요. 곧 제우스의 명령대로 독수리가 날아와 날마다 그의 간을 쪼아 댔어요.

하지만 프로메테우스는 신이기 때문에 죽지 않았어요. 밤이 되면 간도 원래대로 자라났지요. 그러면 다음 날 독수리가 다시 날아와 또다시 간을 쪼아 댔어요.

프로메테우스는 그렇게 영원히 고통을 받게 되었어요. 하지만 그토록 끔찍한 벌을 받으면서도 프로메테우스는 자신이 한 일을 후회하지 않았어요.

그 모습을 본 제우스는 더욱 화가 났어요. 그래서 제우스는 프로메테우스가 사랑한 인간에게도 벌을 주기로 마음먹었어요.

판도라의 항아리

제우스는 헤파이스토스에게 인간 여자를 만들라는 명령을 내렸어요. 그렇게 최초의 여자, 판도라가 탄생했어요. 제우스는 판도라에게 항아리를 선물로 주면서 절대 뚜껑을 열지 말라고 했지요. 판도라는 과연 약속을 지킬 수 있을까요?

2 판도라의 항아리

제우스는 아들인 헤파이스토스를 불렀어요. 대장장이의 신 헤파이스토스는 뭐든 뚝딱 잘 만들었지요.

"너는 지금 당장 가서 여신을 닮은 아름다운 인간 여자를 만들어 오너라."

헤파이스토스는 고개를 갸우뚱거렸어요. 프로메테우스가 만든 인간 남자는 싫어하면서 왜 인간 여자를 만들라고 하는지 알 수가 없었지요.

하지만 헤파이스토스는 알겠다고 대답하고 인간 여자를 만들기 시작했어요.

진흙으로 빚은 인간 여자는 차차 그 모습을 갖춰 갔어요.

손재주가 좋은 헤파이스토스가 완성한 인간 여자는 아직 생명은 없었지만 무척 아름답고 우아했어요. 여신들과 비교해도 별 차이가 없을 정도였지요. 헤파이스토스는 서둘러 제우스에게 갔어요.

"흠, 아주 잘 만들었구나. 수고했다."

제우스는 여자를 보고 만족스러운 미소를 지었어요. 그는 여러 신을 불러 모은 다음, 먼저 아테나에게 말했어요.

"이 여자에게 생명을 불어 넣어 주어라."

아테나가 입김을 불어 여자의 몸에 생명이 깃들게 했어요. 그러자 여자가 스르르 눈을 뜨고 숨을 쉬었어요.

제우스가 여자에게 말했어요.

"네가 바로 인간 최초의 어지디."

제우스는 이어서 여러 신을 둘러보며 말했어요.

"이 여자에게 선물을 하나씩 주도록 하시오."

아프로디테가 제일 먼저 나서며 말했어요.

"나는 너에게 아름다움과 사랑스러움이라는 선물을 주겠다."

다른 신들도 여자에게 하나씩 선물을 주었어요.

아폴론은 빼어난 노래 솜씨를 주었고 아테나는 베짜는 기술을 선물했어요.

계절의 여신 호라이 세 자매는 꽃으로 여자를 예쁘게 꾸며 주었어요.

마지막으로 헤르메스도 여자에게 선물을 주었어요.

"난 꾀와 말솜씨를 주겠다."

여자는 신들의 선물을 받고 매우 기뻐했어요.

"정말 고맙습니다."

제우스는 여자에게 이름을 지어 주었어요.

"이제부터 너를 판도라라고 부르겠다."

판도라는 '모든 선물을 받은 이'란 뜻이랍니다.

신들의 왕 제우스가 다시 말했어요.

"나도 너에게 선물을 주겠다."

제우스는 판도라에게 뚜껑이 달린 작은 항아리를 건네주었어요.

"고맙습니다. 이 안에 무엇이 들었는지 열어 봐도 될까요?"

 판도라가 뚜껑을 열려고 하자 제우스가 버럭 소리쳤어요.

"안 돼! 절대 뚜껑을 열어서는 안 된다. 알겠느냐? 귀한 항아리이니 소중히 간직하도록 해라."

"알겠습니다."

 잠시 뒤 제우스는 헤르메스에게 말했어요.

 "판도라를 프로메테우스의 동생 에피메테우스에게 데려다주어라."

"네, 지금 바로 데려다주겠습니다."

 헤르메스가 판도라와 함께 나타나자 에피메테우스는 깜짝 놀랐어요.

 "이 여자는 누구입니까?"

 "판도라라고 합니다. 제우스 님께서 당신에게 데려다주라고 하셨습니다."

 에피메테우스는 아름다운 판도라를 보고 한눈에 반했어요.

 "제우스 님께서 이렇게 아름다운 여자를 나한테 보내시다니!"

그 순간 에피메테우스는 형 프로메테우스가 자기에게 당부했던 말이 떠올랐어요.

'제우스 님이 주는 선물은 그 어떤 것이라도 절대 받으면 안 된다!'

이때 눈치 빠른 헤르메스가 재빨리 말했어요.

"판도라는 인간이라 땅에서 살아야 하는데 어떻게 하면 좋을까요?"

이미 판도라에게 홀딱 반한 에피메테우스가 손을 내저으며 말했어요.

"걱정하지 마세요. 제가 땅으로 내려가서 판도라와 같이 살겠습니다."

에피메테우스는 결국 형의 말을 무시하고 판도라와 땅으로 내려갔어요. 그러고는 부부가 되어 함께 살기로 했어요.

제우스는 헤파이스토스가 만든 다른 여자들도 땅으로 내려보냈어요. 그때부터 여자들은 땅에서 남자를 만나 자식을 낳고 살게 되었지요.

판도라와 에피메테우스는 행복한 나날을 보냈어요. 하지만 세월이 흐르면 흐를수록 판도라는 제우스가 준 항아리에 무엇이 들었는지 알고 싶어서 견딜 수가 없었어요.

"도대체 저 항아리 안에는 무엇이 들었을까?"

판도라는 항아리에 대해 생각하지 않으려고 다른 일을 열심히 했어요. 물을 길어 오고, 빨래를 하고, 집 안을 예쁜 꽃으로 꾸미기도 했어요. 하지만 그럴수록 궁금증은 점점 더 커졌어요.
　판도라가 항아리 때문에 고민하는 것을 알고 하루는 에피메테우스가 슬쩍 말했어요.
　"그렇게 궁금하면 한번 열어 봐요."

판도라는 고개를 휘휘 저었어요.

"안 돼요. 제우스 님이 절대 열어 보지 말라고 했단 말이에요."

"그렇다면 뚜껑을 열지 말고 뭐가 들었는지 알아봅시다."

에피메테우스는 항아리를 이리저리 흔들어 보았어요. 하지만 속에 무엇이 들었는지 전혀 짐작할 수 없었지요.

그러던 어느 날, 에피메테우스가 집을 비우자 판도라는 항아리를 꺼내 탁자 위에 놓았어요.

'그냥 열어 볼까? 내게 준 선물인데 열어 보지도 못하게 하다니 정말 너무해. 살짝 열어 본다고 무슨 일이 생기겠어?'

판도라는 끓어오르는 궁금증을 더는 참을 수가 없었어요.

"그래, 조금만 열어 보자."

판도라는 결국 항아리 뚜껑을 슬쩍 열어 보았어요.

그 순간 항아리 안에서 쉬이익 소리가 나더니 거무스름한 연기가 쏟아져 나왔어요.

"어머나!"

판도라는 깜짝 놀라 그만 뚜껑을 떨어뜨렸어요. 그러자 항아리 안에 든 것들이 빠져나가 허공에 흩어졌어요.

항아리 안에서 나온 것은 그때까지 세상에 없던 것들이었어요. 미움, 걱정, 싸움, 배고픔, 슬픔, 고통, 질병 등 모두 나쁜 것들이었지요.

깜짝 놀란 판도라는 급히 항아리 뚜껑을 닫았어요. 하지만 이미 빠져나간 나쁜 기운들을 다시 주워 담을 수는 없었어요. 그런데 판도라가 급히 뚜껑을 닫아 미처 빠져나가지 못한 게 하나 있었어요.

바로 항아리 밑바닥에 남아 있던 희망이었지요.

그 뒤로 인간들은 이전과 달리 서로 미워하고 싸우며 살게 되었어요. 또 병에 걸리고 고통을 받는 등 온갖 불행을 겪게 되었지요. 결국 제우스가 바라던 대로 스스로 벌을 받게 된 셈이에요.

하지만 인간은 판도라의 항아리에 남아 있던 희망 덕분에, 아무리 힘들고 어려워도 꿋꿋이 살아가게 되었답니다.

세상을 덮친 대홍수

악에 물든 사람들에게 화가 난 제우스는 인간들에게 벌을 내리기로 해요. 결국 제우스는 신들에게 폭우를 내리도록 명령하고, 인간 세상은 온통 물에 잠기고 말아요. 과연 인간들은 대홍수 속에서 살아남을 수 있을까요?

3 세상을 덮친 대홍수

 처음에 인간들은 신들과 마찬가지로 평화롭고 행복하게 살았어요. 해마다 풍년이 들어 먹을 것도 풍족했고, 서로 다투지도 않았어요. 하지만 판도라의 항아리가 열린 뒤 인간들은 점점 변해 갔어요.
 이제 인간들은 신을 섬기지도 않았고 제사도 지내지 않았어요. 욕심 많은 사람들은 무기를 만들어 서로 싸우고 남의 것을 빼앗는 일에만 정신을 팔았어요.
 "신에게 제물을 바치고 제사를 지내는 건 쓸데없는 짓이야. 그럴 시간에 재산이나 더 늘려야지."

그런데 데우칼리온과 피라 부부는 세상에서 유일하게 신들을 섬겼어요. 부부는 늘 열심히 일했고 신들에게 드리는 제사도 잊지 않았어요.

남편인 데우칼리온은 프로메테우스의 아들이고, 아내 피라는 에피메테우스의 딸이에요.

프로메테우스는 제우스가 내린 벌을 받기 전에 아들 데우칼리온에게 이렇게 말한 적이 있어요.

"애야, 커다란 방주를 만들어 놓아라. 언젠가 꼭 필요한 날이 올 것이다."

　방주는 크고 네모진 배예요. 데우칼리온은 예언 능력이 있는 아버지의 말대로 피라와 함께 거대한 방주를 만들었어요. 다른 인간들이 쓸데없는 짓이라며 비웃어도 말없이 방주를 완성했지요.

　한편 악에 물든 인간 세상을 내려다보던 제우스는

더는 참을 수 없었어요. 그래서 올림포스로 신들을 불러 모았어요.

신들이 모이자 제우스가 땅을 가리키며 말했어요.

"인간들은 악에 물들어 우리 신들조차 두려워하지 않소. 나는 모든 인간을 벌할 생각이오."

신들도 제우스 말에 고개를 끄덕였어요.

"옳은 말씀입니다."

제우스는 자리에서 벌떡 일어나 커다란 번개 창을 움켜쥐었어요.

'인간 세상을 전부 불태워 버릴 테다!'

하지만 제우스는 곧 생각을 바꾸었어요. 인간 세상을 불태우면 불길과 연기가 올림포스까지 올라올 것 같았거든요.

'그래, 불이 아니라 물로 심판을 해야겠다!'

제우스는 남풍의 신 노토스를 불렀어요.

"지금 당장 태풍을 일으켜 온 세상을 물에 잠기게 하시오!"

"알겠습니다."

노토스가 비구름을 모으자 하늘이 온통 캄캄해졌어요. 그와 동시에 엄청난 폭우가 땅 위로 쏟아지기 시작했어요.

깜짝 놀란 인간들이 발을 동동 구르며 쓰러지는 곡식을 바라보았어요.

"아이고! 한 해 농사 다 망쳤네, 망쳤어!"

제우스는 땅을 내려다보며 인상을 찌푸렸어요.

"이 정도로는 부족하군."

제우스는 바다의 신 포세이돈에게도 큰 파도를 일으키라고 했어요. 포세이돈은 삼지창을 휘둘러 바다에 거대한 파도를 일으켰어요. 바닷물은 인간들이 사는 땅까지 밀려와 모든 것을 휩쓸어 버렸어요.

강의 신들도 저마다 강물을 흘려 보내 논과 밭을 물에 잠기게 했어요. 인간을 비롯한 생물들은 물줄기에 휩쓸렸고 집과 신전도 물에 잠겨 버렸어요. 그야말로 온 세상이 물바다가 되고 말았지요.

운 좋게 뗏목을 타고 살아남은 사람들도 결국 먹을 것을 찾아 헤매다 모두 굶어 죽고 말았어요.

하지만 커다란 방주를 탄 데우칼리온과 피라는 물에 휩쓸리지 않고 살아남았어요. 배 안에 미리 준비해 둔 먹을거리도 꽤 많았지요.

"이런 대홍수가 일어날 줄 알고 아버지께서 방주를 만들라고 하신 거구나!"

"그러게요. 참으로 고마운 분이세요. 그런데 앞으로 어쩌면 좋죠?"

"무슨 수가 생길 테니 너무 걱정하지 마시오."

두 사람은 며칠 동안 바다 위를 떠돌았어요.

그러다 드디어 저 멀리 떠 있는 작은 섬 하나를 발견했어요.
"저건 파르나소스산의 꼭대기가 분명하오!"
두 사람은 파르나소스산의 꼭대기에 방주를 대고 땅에 발을 디뎠어요. 산 위에서 둘러보니 세상은 여전히 물바다였어요.

"우리가 이렇게 살아남은 건 신이 도와주었기 때문이오."

두 사람은 제물을 준비하고, 온 정성을 모아 신들의 왕 제우스에게 제사를 올렸어요.

마침 하늘에서 그 광경을 내려다본 제우스는 흠칫 놀랐어요.

"아직도 살아남은 인간이 있었군."

하지만 데우칼리온과 피라가 자신에게 제사를 지내는 것을 보고는 금세 마음이 풀어졌어요.

"흠, 저 두 사람은 살려 줘도 괜찮겠는걸."

제우스는 남풍의 신 노토스에게 그만 태풍을 멈추라고 지시했어요. 이어서 포세이돈에게도 큰 파도를 잠재우라고 했어요.

곧 노토스는 태풍을 멈추었고, 포세이돈도 아들 트리톤에게 시켜 파도를 잠재웠어요.

인어처럼 하체가 물고기 모양인 트리톤은 바다와 강의 신에게 소식을 전하는 일을 맡고 있어요. 트리톤이 소라고둥 나팔을 불자 바닷물은 바다로 돌아가고, 강물은 강으로 돌아갔어요. 오랜만에 푸른 하늘도 나타났지요.

온 세상을 뒤덮었던 물이 빠지자 데우칼리온과 피라는 파르나소스산에서 내려왔어요. 하지만 앞으로 살아갈 일을 생각하니 막막하기만 했어요.

"여보, 이제 어쩌면 좋지요?"

피라가 묻자 데우칼리온이 말했어요.

"그러게 말이오. 우리 둘이 무엇을 할 수 있겠소. 아버지께서 아끼던 인간들이 다시 많아지면 힘을 합쳐 행복하게 살 수 있을 텐데."

"그럼 우리 정의의 여신 테미스 님의 신전에 가서 앞으로 어떻게 하면 좋을지 물어보기로 해요."

두 사람은 곧장 테미스 신전으로 달려갔어요.

"테미스 님, 저희가 앞으로 어떻게 해야 할지 알려 주십시오."

두 사람이 한참 동안 정성을 다해 빌자 드디어 테미스의 목소리가 들려왔어요.

"너희가 바라는 것이 무엇이냐?"

"저희는 예전처럼 다른 인간들과 함께 어울려 살고 싶습니다. 어떻게 하면 다시 인간들을 태어나게 할 수 있습니까?"

그러자 테미스가 말했어요.

"잘 들어라. 너희 둘이 천으로 얼굴을 가리고 등 뒤로 어머니의 뼈를 던져라. 그럼 너희가 원하는 대로 이루어질 것이다."

데우칼리온과 피라는 테미스가 무슨 말을 하는지 이해할 수 없었어요.

"어머니의 뼈를 던지라니 그게 무슨 말씀입니까?"

하지만 테미스는 이미 사라졌는지 아무 소리도 들리지 않았어요.

두 사람은 고개를 갸우뚱거리며 신전을 나왔어요.

한참 생각에 잠겨 있던 데우칼리온이 말했어요.

"테미스 님이 말한 어머니는 땅인 것 같소!"

"땅이라고요? 그럼 뼈는요?"

"땅에 박힌 바위나 돌이 뼈일 것이오."

그 말에 피라도 눈을 동그랗게 뜨고 말했어요.

"맞아요, 땅은 모든 생명의 어머니니까요! 뼈는 바로 단단한 돌이에요!"

두 사람은 천으로 얼굴을 가린 다음 돌을 주워 등 뒤로 휙 던져 보았어요.

그러자 놀랍게도 딱딱한 돌이 꿈틀거리며 부풀어 오르더니 정말 인간으로 바뀌었어요.

"와, 진짜로 인간이 만들어졌어!"

"정말 신기하네요. 돌을 더 많이 던져요!"

두 사람은 계속해서 돌을 주워 등 뒤로 던졌어요. 데우칼리온이 던진 돌은 남자가 되고, 피라가 던진 돌은 여자가 되었지요.

이렇게 해서 세상은 예전처럼 다시 인간들로 가득 찼어요. 두 사람은 그 광경을 보고 기쁨의 눈물을 흘렸어요.

대홍수가 끝나고 축축하게 젖은 땅에 햇볕이 내리쬐자, 사라졌던 생물들도 다시 생겨났어요. 산과 강도 제 모습을 되찾았어요.

데우칼리온 부부는 그리스 북쪽 땅에 자리를 잡았어요. 그들은 새로 생겨난 인간들에게 집 짓는 기술과 농사법 등 모든 일을 가르쳐 주었어요.

"이제 새로 태어난 사람들과 행복하게 삽시다."

"네, 그래요."

데우칼리온과 피라는 그렇게 대홍수 속에서 살아남아 인류의 조상이 되었어요.

아프로디테와 에로스

사랑과 아름다움의 여신 아프로디테는 아이의 모습으로 나타난 에로스를 보고 아들로 삼아요. 아프로디테는 둘도 없는 다정한 사이가 된 에로스에게 신비한 힘을 지닌 물건을 선물하지요. 아프로디테가 준 선물은 과연 무엇일까요?

4 아프로디테와 에로스

바다 거품에서 태어난 사랑과 아름다움의 여신 아프로디테는 파도에 밀려 키프로스섬에 도착했어요. 아프로디테는 '거품에서 나온 여인'이란 뜻이에요.

아프로디테가 땅 위로 발을 내딛자 그곳에 있던 여신들이 깜짝 놀라 소리를 질렀어요. 그들은 계절의 여신 호라이 세 자매였어요.

"오, 이렇게 아름다울 수가! 더 예쁘게 꾸미자."

호라이 세 자매는 아프로디테를 정성껏 꾸며 주었어요.

다 꾸미고 나자 얼마나 아름다운지 아프로디테에게서 환한 빛이 쏟아지는 것만 같았어요.
 아프로디테는 혼자 길을 걷다가 들판에 가득 핀 꽃들을 발견했어요.
 "이곳의 꽃들은 참 아름답구나!"
 아프로디테가 꽃들을 바라보며 중얼거렸어요. 그러자 꽃봉오리들이 마치 말을 알아들은 것처럼 한꺼번에 활짝 피어났어요.

어디선가 나비들과 새들도 날아왔어요. 나비들은 아프로디테의 몸 주변에서 폴폴 날아다녔고, 새들은 나뭇가지 사이를 오가며 노래를 불렀어요. 주변의 모든 생명체가 아프로디테의 빛나는 모습에 정신을 빼앗긴 것 같았지요.

세상에 아름다움을 전해 주는 신 에로스의 좋은 기운도 아프로디테를 더욱 아름다워 보이게 했어요. 아프로디테가 태어나는 순간, 세상의 모든 사랑의 기운이 아프로디테에게 몰려들었기 때문이지요.

"아, 고마운 에로스!"

아프로디테도 에로스가 자신을 돕고 있다는 것을 느꼈어요. 에로스와 자신이 아주 가깝게 닿아 있다는 느낌도 들었어요.

바로 그때 에로스가 귀여운 남자아이의 모습으로 눈앞에 나타났어요.

"오, 에로스! 정말 귀엽구나!"

아프로디테는 에로스를 안아 주며 그 자리에서 아들로 삼았어요.

"넌 이제 내 아들이야, 알겠지?"

에로스도 아주 만족스럽게 대답했어요.

"제가 늘 어머니 곁에 있어 드릴게요."

잠시 이야기를 주고받는 사이 아프로디테와 에로스는 세상에서 둘도 없는 다정한 사이가 되었어요.

"너에게 선물을 주마."

아프로디테는 에로스의 등에 날개를 달아 주었어요. 활과 화살도 선물로 주었지요.

화살집도 두 개나 주었는데 한 화살집에는 금으로 만든 화살, 다른 화살집에는 납으로 만든 화살이 들어 있었어요.

"이 두 화살은 서로 다르단다."

에로스가 고개를 갸우뚱거리며 물었어요.

"뭐가 다른데요?"

아프로디테가 미소를 지으며 말했어요.

"네가 쏜 금 화살을 맞으면 사랑에 빠지게 된단다. 하지만 납 화살을 맞으면 그 반대가 되지."

에로스는 신기한 듯 활과 화살을 바라보았어요.

"정말 신비한 사랑의 화살이네요."

아프로디테가 에로스의 이마를 손가락으로 톡 건드리며 말했어요.

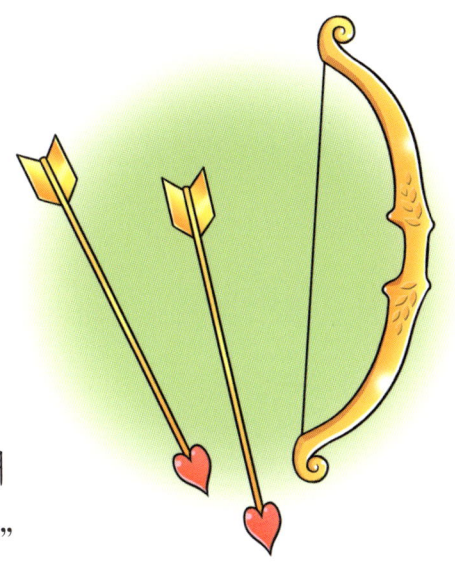

"그러니까 화살을 쏠 때는 조심해야 해. 알았지?"

"네, 걱정하지 마세요. 되도록 금 화살을 많이 쏘아서 세상이 사랑으로 가득 차게 할게요. 헤헤."

아프로디테는 사랑을 만드는 사랑의 여신이지만 그 일을 주로 에로스에게 시켰어요. 그래서 에로스가 쏜 금 화살에 맞으면 그 누구라도 깊은 사랑에 빠지고 말았어요.

얼마 뒤 계절의 여신 호라이 세 자매는 아프로디테를 더욱 아름답게 꾸며 올림포스로 데려갔어요. 신들은 아름다운 아프로디테에게 푹 빠졌지요.

"내가 본 여신 가운데 가장 아름답군!"

"눈이 부셔서 쳐다볼 수가 없을 정도야."

제우스도 아프로디테의 미모를 칭찬했어요.

"아프로디테는 올림포스 신이 되기에 충분하오."

이렇게 하여 아프로디테는 사랑과 아름다움의 여신으로 당당히 올림포스 열두 신에 포함되었어요.

아프로디테가 어찌나 아름다운지 남자 신들은 다들 보기만 하면 사랑에 빠졌어요.

"아프로디테, 나와 결혼해 주시오."

"안 돼. 제발 나의 아내가 되어 주시오!"

많은 남자 신들이 아프로디테를 아내로 삼고 싶어 했어요. 서로 아프로디테에게 잘 보이려고 안간힘을 썼고 으르렁거리며 싸우기도 했어요.

하지만 아프로디테는 나중에 전혀 생각지도 못한 신과 결혼하게 된답니다.

버려진 신, 헤파이스토스

헤라는 아들을 낳았지만 너무 못생겼다는 이유로 올림포스 아래로 던져 버려요. 그 아이가 바로 헤파이스토스이지요. 테티스의 도움으로 무사히 자란 헤파이스토스는 과연 헤라의 마음을 되돌릴 수 있을까요?

5 버려진 신, 헤파이스토스

　제우스와 헤라 사이에서 태어난 첫아들은 헤파이스토스예요.
　"오, 사랑스러운 나의 아들!"
　헤라는 기쁜 마음으로 아이를 품에 안았어요. 그런데 가만 보니 아이는 얼굴도 못생기고 한쪽 다리가 불편해 보였어요.
　다른 신들처럼 잘생기고 뛰어난 자식을 낳을 거라는 헤라의 기대와 크게 달랐지요.
　'내가 이런 아이를 낳다니!'

헤파이스토스가 마음에 들지 않았던 헤라는 며칠 동안 고민하다가 아이를 땅으로 던져 버렸어요. 어머니로서 아이 키우기를 포기해 버린 거예요.

헤파이스토스는 하루 동안 계속 떨어졌어요. 아이가 막 바다에 닿으려는 순간, 바다의 여신 테티스가 받아 구했어요. 테티스는 사정을 금세 알아챘어요.

"저런, 가엽기도 하지."

테티스는 헤파이스토스를 바다 밑 동굴로 데려가 정성껏 키웠어요.

헤파이스토스는 차차 자라면서 남다른 재능을 발휘했어요. 손재주가 무척 뛰어나서 배운 적도 없는데 대장간에서 불과 금속을 이용해 여러 가지 물건을 척척 만들었지요.

"와, 정말 예쁘구나!"

헤파이스토스가 황금으로 목걸이와 팔찌 같은 장신구를 만들어 주면 테티스는 매우 기뻐했어요. 다른 장신구들보다 훨씬 아름다웠거든요.

세월이 흘러 헤파이스토스는 어른이 되었어요. 하루는 테티스에게 속마음을 털어놓았지요.

"저는 제우스 님과 헤라 님의 아들이에요. 그러니 올림포스에 가서 당당하게 살고 싶습니다."

테티스는 걱정스러운 표정을 지었어요.

"과연 헤라 님이 받아 주실지 모르겠구나."

헤파이스토스는 빙긋 미소를 지으며 말했어요.

"제게 좋은 생각이 있으니 걱정하지 마세요."

그날부터 헤파이스토스는 대장간에 틀어박혀 뚝딱뚝딱 무언가를 만들었어요.

완성된 것은 눈부시게 아름다운 황금 의자였어요.

헤파이스토스가 테티스에게 부탁했어요.

"이 황금 의자를 헤라 님께 좀 전해 주세요."

"그렇게 하지."

테티스는 곧장 올림포스로 가서 황금 의자를 헤라에게 선물했어요.

"세상에, 이렇게 훌륭한 의자가 다 있다니!"

헤라는 매우 기뻐하며 의자에 앉아 보았어요.

"오호, 아주 편하고 좋은걸!"

헤라는 황금 의자가 정말 마음에 들었어요. 그런데 바로 그 순간, 의자에서 거미줄 같은 쇠줄이 나와 헤라의 몸을 칭칭 휘감았어요.

"아악, 이게 뭐야? 몸을 움직일 수가 없잖아!"

헤라의 비명을 듣고 다른 신들이 달려와 쇠줄을 끊으려 했지만, 어찌나 단단한지 끊어지지 않았어요.

"대체 이런 의자를 누가 보낸 것이냐?"

헤라가 묻자 테티스는 당황해하며 말했어요.

"헤, 헤파이스토스가 만들어 보냈습니다. 저, 저는 어머니에게 보내는 선물인 줄만 알았습니다."

"뭐라고? 헤파이스토스?"

헤라는 아들의 이름을 듣자마자 깜짝 놀랐어요. 아들에게 몹시 미안한 마음이 들었기 때문이에요.

그때 술과 축제의 신 디오니소스가 말했어요.

"제가 좀 도와드려도 되겠습니까?"

"어떻게 돕겠다는 거죠?"

"제게 생각이 있으니 잠시만 기다려 주십시오."

디오니소스는 곧바로 포도주가 담긴 술병을 여러 개 들고 헤파이스토스를 찾아갔어요. 그는 대장간에서 정신없이 일하고 있는 헤파이스토스에게 술병을 건네며 말했어요.

"여기 포도주를 선물로 가져왔소. 힘들 때 마시면 기운이 난다오."

헤파이스토스는 거리낌 없이 포도주를 받아 벌컥벌컥 마셨어요.

"아주 향기롭고 맛있군요. 이게 도대체 뭔가요?"

"내가 만든 포도주라는 술이오. 많이 가져왔으니 얼마든지 드시오."

태어나서 술을 처음 마셔 본 헤파이스토스는 금세 취해 버렸어요. 디오니소스는 그 틈을 타 재빨리 그를 올림포스로 데려왔어요.

올림포스에 도착한 헤파이스토스는 잠시 뒤 정신을 차렸어요. 가만 보니 헤라가 황금 의자에 묶인 채 자기를 바라보고 있었어요.

헤라가 헤파이스토스에게 말을 건넸어요.

"정말 미안하구나. 부디 지난 일은 잊고 나와 함께 살자. 그러니 좀 풀어다오."

헤파이스토스가 말했어요.

"한 가지 소원이 더 있습니다."

"그게 뭐냐? 무슨 소원이든 다 들어주마."

헤파이스토스가 고개를 들더니 헤라를 똑바로 바라보며 말했어요.

"제 소원은 세상에서 제일 아름다운 여신과 결혼하는 것입니다."

"제일 아름다운 여신이라고?"

그때 디오니소스가 끼어들었어요.

"아프로디테를 말하는 것 같습니다. 아테나도 아름답지만 그녀는 결혼할 생각이 없으니까요."

그러자 곁에서 잠자코 있던 제우스가 고개를 끄덕이며 말했어요.

"너는 소원대로 아프로디테와 결혼하게 될 것이다.

그러니 이제 그만 네 어머니를 풀어 주어라."

헤파이스토스는 그제야 열쇠를 꺼내 헤라를 풀어 주었어요.

이때부터 헤파이스토스는 어머니인 헤라와 화해하고 올림포스에서 살게 되었어요. 제우스는 올림포스에 대장간을 마련해 주고 키클롭스 삼 형제에게 대장간 일을 도와주게 했지요. 헤파이스토스는 신들을 위해 여러 가지 물건을 만들어 주어 아주 인기가 높았어요.

얼마 뒤 헤파이스토스는 가장 아름다운 여신 아프로디테와 결혼했어요. 아프로디테는 별로 내키지 않았지만 신들의 왕 제우스의 명령에 따를 수밖에 없었지요. 남자 신들은 가장 아름다운 여신과 결혼한 헤파이스토스를 무척 부러워했답니다.

아폴론과 거대한 뱀

헤라는 제우스의 아이를 가진 티탄족 레토를 괴롭히려고 거대한 뱀 피톤을 보내요. 레토는 이리저리 도망치다 포세이돈의 도움을 받아 가까스로 아이를 낳지요. 무사히 어른으로 자란 레토의 아들 아폴론은 과연 피톤에게 복수할 수 있을까요?

6 아폴론과 거대한 뱀

태양과 음악, 예언의 신 아폴론은 제우스와 레토 사이에서 태어났어요. 사냥과 달의 여신 아르테미스와 쌍둥이지요.

레토는 제우스의 아내 헤라 때문에 아주 힘들게 아이를 낳았어요. 헤라가 올림포스에서 내쫓고 아이를 낳을 수 없게 괴롭혔기 때문이지요.

헤라는 레토를 올림포스에서 내쫓고 나서도 분이 풀리지 않았어요.

"레토는 태양이 비추는 곳에서는 절대 아이를 낳을

수 없을 것이다! 또한 레토를 도와주면 그곳에서는 풀 한 포기도 자라지 못할 것이다!"

　헤라는 거대한 뱀, 피톤을 보내 레토를 괴롭혔어요.
"으악, 피톤이다!"

　가는 곳마다 피톤이 나타나는 바람에 레토는 계속 도망쳐야 했어요. 얼른 아이를 낳을 장소를 찾아야 하는데, 계속 공격을 받아 정말 힘들었지요.

거기다 사람들도 레토를 슬슬 피할 뿐 도와주지 않았어요. 헤라가 무서웠기 때문이지요. 결국 보다 못한 제우스가 바다의 신 포세이돈에게 부탁했어요.

"레토가 아이를 낳을 수 있게 태양이 비추지 않는 곳을 좀 찾아 주시오."

"알겠습니다."

포세이돈은 돌고래를 보내 레토를 데려왔어요. 그러고는 바다 밑에 있던 섬을 물 위로 꺼내 놓았어요. 이 섬은 그동안 태양이 비추지 않았던 곳이라 헤라의 저주가 닿지 않았어요. 레토는 이곳에서 아이를 낳았지요.

그렇다고 레토가 쉽게 아이를 낳은 건 아니에요.

진통이 며칠 동안 계속됐지만 아이가 나오지 않자 제우스가 급히 출산의 여신 에일레이티이아를 보냈어요.

레토는 그제야 겨우 쌍둥이를 낳았어요. 아르테미스가 먼저 나오고 이어서 아폴론이 나왔어요.

쌍둥이가 태어난 이 섬이 바로 델로스섬이에요. 델로스는 '빛나는 섬'이란 뜻이지요.

레토는 아이는 낳았지만 안전하게 기를 만한 곳을 찾을 수 없었어요. 사람들이 모두 레토를 피했기 때문이지요.

"이 가여운 아이들을 어디서 키운단 말인가."

쌍둥이를 안고 헤매던 레토가 어느 마을에 도착해 샘물을 마시려고 했어요. 그런데 마을 사람들이 나타나더니 물을 흙탕물로 만들어 버렸어요.

"당신은 여기서 물을 마실 수 없소. 그러니 당장 떠나시오!"

레토는 너무나 억울하고 분했어요.

"감히 여신인 나를 모욕하다니! 그러고도 너희가 무사할 것 같으냐!"

레토가 소리를 지르자 순식간에 사람들이 비명을 지르며 쓰러졌어요. 그러고는 몸이 점점 작아지더니 개구리로 변하고 말았어요.

레토는 쌍둥이를 안고 다시 길을 떠났어요. 한참 길에서 헤매는데 정의의 여신 테미스가 나타났어요.

"제가 도와드리겠습니다."

테미스는 레토의 아들 아폴론이 자기처럼 예언 능력이 있는 신이 될 것을 미리 알고 있었어요.

쌍둥이는 테미스가 준 신들의 음식을 먹고 순식간에 자라났어요. 성인이 된 아폴론은 건장하고 외모도 출중했어요.

어느 날 테미스가 아폴론에게 멋진 마차와 황금 관을 선물로 주었어요.

"이런 귀한 것을 주시다니!"

기뻐하는 아폴론에게 테미스가 말했어요.

"이것은 내가 주는 게 아니라 그대의 아버지 제우스 님이 주신 선물입니다."

아폴론이 황금 관을 머리에 쓰자 테미스가 다시 말했어요.

"아주 잘 어울리는군요. 제우스 님은 그대가 세상의 중심을 차지하기를 바라십니다."

"세상의 중심이라면 옴팔로스가 있는 델포이 말씀인가요?"

"맞아요. 파르나소스산에 있는 델포이가 그곳이지요. 그런데 한 가지 걱정이 있어요."

"무슨 걱정입니까?"

"델포이에 내 낡은 신전이 있는데, 피톤이라는 거대한 뱀이 신전에 들어앉아 행패를 부리고 있답니다."

아폴론은 피톤이라는 말에 깜짝 놀랐어요. 피톤이 자기 어머니를 몹시 괴롭혔던 것을 기억하고 있었기 때문이지요.

"드디어 복수할 기회가 왔군요! 지금 바로 델포이로 가겠습니다."

아폴론은 마차를 끌고 델포이로 날아갔어요.

그날도 피톤은 델포이 근처 마을을 엉망으로 만들고 있었어요.

닥치는 대로 건물들을 부수고 사람과 가축을 잡아먹었지요.

"저런, 오늘이 네 마지막 날이 될 줄 알아라!"
 아폴론이 쏜 화살은 번개처럼 날아가 피톤의 머리에 정확히 박혔어요. 하지만 피톤은 끄떡도 하지 않았어요.
 "캬캬!"
 피톤이 독이 뚝뚝 떨어지는 주둥이를 벌리고 아폴론을 공격했어요.

"정말 무시무시한 놈이군!"

아폴론이 계속 화살을 날리자 피톤의 몸 곳곳에 화살이 잔뜩 박혔어요. 피톤은 그제야 몸을 푸르르 떨더니 테미스 신전으로 도망쳤어요.

아폴론은 피톤을 계속 따라가며 마지막 화살까지 모두 날렸어요. 결국 피톤은 피를 흘리며 바닥에 쓰러진 채 숨을 몰아쉬더니 마침내 죽고 말았어요.

"드디어 복수에 성공했군!"

아폴론은 피톤이 완전히 죽은 것을 확인하고는 매우 기뻐했어요.

아폴론은 재주가 많은 신이에요. 나중에 올림포스 열두 신의 자리에 올라 태양과 음악, 예언, 의술, 궁술 등을 맡은 신이 되지요.

델포이에 지어진 아폴론 신전은 미래를 예언하는 신탁으로 유명해요.

흔히 아폴론은 머리에 월계관을 쓰고 손에는 리라를 든 아름다운 모습의 젊은이로 나타나요. 태양신 헬리오스를 대신해 태양 마차를 몰고 다닌 것도 바로 아폴론이지요.

사냥의 여신, 아르테미스

아르테미스는 남자들을 멀리했고 주로 여자들과 어울려 사냥을 다녔어요. 그런 아르테미스도 좋아하던 남자가 있었어요. 바로 오리온이라는 거인 사냥꾼이지요. 아르테미스와 오리온 사이에는 과연 무슨 사연이 있었을까요?

7 사냥의 여신, 아르테미스

아폴론과 쌍둥이로 태어난 아르테미스는 사냥을 아주 좋아했어요. 어느 날, 아르테미스가 화살을 쏘아 사슴을 잡자 요정들이 환호성을 질렀어요.

"와, 정말 대단하세요!"

아르테미스의 화살은 빗나가는 법이 없었어요.

아르테미스는 사냥을 끝낸 뒤 깊숙한 계곡에 있는 조용한 동굴로 들어갔어요. 그리고는 옷을 벗고 요정들과 목욕을 했어요.

"참으로 시원하구나."

바로 그때 동굴 안으로 웬 남자가 뚜벅뚜벅 걸어 들어왔어요. 그의 이름은 악타이온으로, 테베 왕국을 세운 카드모스 왕의 손자예요. 친구들과 사냥개를 데리고 사냥을 나왔다가 길을 잃어 이 동굴까지 오게 되었지요.
"거기 누구냐?"
아르테미스가 인기척에 놀라 외쳤어요.

아름다운 아르테미스를 훔쳐보던 악타이온은 그 자리에 얼어붙고 말았어요.

"이곳은 나와 요정들만 들어올 수 있는 신성한 곳이다. 거기다 내 알몸까지 보았으니 널 그냥 보낼 수는 없다!"

아르테미스는 물을 떠서 악타이온에게 뿌렸어요.

"이 물이 네 입을 막을 것이다! 어디 한번 내 알몸을 보았다고 떠들어 보아라!"

그러자 악타이온의 몸이 서서히 변하기 시작했어요. 머리에 뿔이 돋아나고 얼굴에 털이 무성하게 자라더니, 어느새 악타이온은 수사슴으로 변했어요.

"으으……."

말을 하려고 해도 악타이온의 입에서는 사슴의 울음소리만 났어요. 악타이온은 급히 친구들이 있는 곳으로 갔어요. 하지만 친구들은 그를 전혀 알아보지 못했어요.

  그때, 악타이온이 데려온 사냥개들이 한꺼번에 달려들어 그를 물어뜯기 시작했어요.

  '으악! 나야, 나라고!'

  악타이온은 소리를 질렀지만 나오는 소리라고는 사슴의 울부짖음뿐이었어요. 결국 그는 자기가 길들인 사냥개들에게 물려 목숨을 잃고 말았어요.

참으로 안타깝고 어이없는 일이었지요.

한번은 아르테미스가 크레타의 숲에서 오리온이라는 멋진 거인 사냥꾼을 만난 적이 있었어요. 오리온은 히리아의 왕자로, 사냥을 아주 좋아했어요. 물 위를 걷는 능력도 있어서 섬과 섬 사이를 자유롭게 걸어 다녔어요.

어느 날 오리온은 숲에서 사냥감을 찾다가 아르테미스와 맞닥뜨렸어요.

"너는 누구냐?"

아르테미스가 묻자 오리온이 갑자기 화살을 날렸어요. 깜짝 놀란 아르테미스가 몸을 피하자 화살은 뒤에 있던 나무에 팍 꽂혔어요.

"앗, 독사잖아!"

나무에 박힌 화살에는 독사가 꽂혀 있었어요. 오리온이 아르테미스를 구해 준 것이지요.

"훌륭한 솜씨로군. 네 이름이 무엇이냐?"

"히리아의 왕자 오리온이다!"

이름을 듣자마자 아르테미스가 웃음을 터뜨렸어요.

"네가 바로 오줌에서 태어났다는 그 자로구나!"

오리온의 아버지 히리에우스는 아들을 낳게 해 달라고 제우스와 포세이돈에게 제사를 지낸 적이 있어요. 신들은 황소 가죽에 오줌을 눈 뒤 땅에 묻으라고 했어요.

히리에우스가 신들의 말을 따르자 정말 그곳에서 아들이 태어났는데, 그가 바로 오리온이지요.

이때 포세이돈의 도움을 받아 오리온은 물 위를 걸을 수 있게 되었어요.

"넌 누구인데 나에 대해서 알고 있지?"

아르테미스는 말없이 손가락으로 하늘을 가리켰어요. 저 멀리서 까마귀 한 마리가 날고 있었어요. 그 순간 여신이 날린 화살이 까마귀를 정확히 맞혔어요. 오리온은 놀란 표정으로 여신을 바라보았어요.

"혹시 당신이 아르테미스 님이십니까?"

"그렇다. 내가 아르테미스다."

그날부터 아르테미스와 오리온은 함께 숲에서 사냥을 하며 친하게 지냈어요. 누가 활을 더 잘 쏘는지 시합을 하다 보면 하루가 금세 지나갔어요.

그 모습을 본 아폴론은 불쑥 화가 치밀었어요.

"아르테미스는 왜 오줌에서 태어난 저런 녀석을 만나는 거야!"

아폴론은 아르테미스가 오리온과 만나는 것이 영 마음에 들지 않았어요.

'흠, 아무래도 저 녀석을 그냥 두면 안 되겠어.'

 어느 날 오리온이 먼바다 위를 걷고 있었어요. 아폴론은 좋은 기회라고 생각하고 급히 아르테미스에게 가서 말했어요.

 "오랜만에 네 활 솜씨를 좀 보여 줘. 저기 먼바다에 뭔가 움직이는 게 보이지? 저걸 맞

혀 봐."

"저게 뭔데?"

"그야 모르지. 너무 멀어서 잘 안 보이니까. 아무리 활 솜씨가 좋아도 저건 못 맞힐걸."

아르테미스는 빙긋 미소를 짓더니 바로 화살을 날렸어요. 쉬익 소리를 내며 날아간 화살은 작은 점처럼 보이는 물체를 정확히 맞혔어요.

그 순간 어떤 짐승의 비명이 들린 것 같았지요.

아르테미스는 무엇을 맞혔는지 확인하러 바다 위를 날아갔어요. 그러고는 깜짝 놀라 비명을 질렀어요. 오리온이 심장에 화살을 맞고 죽어 있었어요.

"내가 오리온을 죽이다니!"

아르테미스는 오리온을 끌어안고 눈물을 흘렸어요.

"이대로 있을 순 없어!"

아르테미스는 올림포스로 올라갔어요.

"제우스 님, 가여운 오리온을 하늘의 별자리로 만들어 주십시오."

"오냐, 알겠다."

제우스가 아르테미스의 부탁을 들어주었어요. 이렇게 해서 오리온은 한 손에는 몽둥이, 다른 한 손에는 짐승을 든 모습으로 하늘의 별자리가 되었어요.

그 뒤 아르테미스는 누구에게도 마음을 주지 않고

숲에서 사냥을 하며 살았어요.

　보통 아르테미스는 사냥과 숲, 달의 여신으로 불려요. 나중에 달의 여신 셀레네를 대신해 달빛 마차를 몰게 되지요.

8
하데스와 페르세포네

하데스는 아름다운 페르세포네에게 한눈에 반해 자기가 다스리는 지하 세계로 강제로 데려가고 말아요. 페르세포네의 어머니인 데메테르는 제우스에게 찾아가 항의하지요. 데메테르는 과연 딸을 되찾을 수 있을까요?

8 하데스와 페르세포네

지하 세계를 다스리는 저승의 신 하데스는 검은 말이 끄는 마차를 타고 땅 위로 올라왔어요. 시칠리아 섬에 있는 화산이 터질 것 같아 둘러보기 위해 나온 길이었어요. 마침 그때 아프로디테가 하데스를 발견하고 에로스에게 말했어요.

"에로스, 이 근처에 페르세포네가 있으니 지금 당장 하데스에게 금 화살을 쏘아라."

아프로디테는 데메테르의 딸 페르세포네를 하데스와 연결해 주고 싶었어요.

에로스는 바로 금 화살을 쏘았어요. 화살은 곧장 날아가 하데스의 가슴에 박혔어요. 하데스는 금 화살을 맞은 줄도 모르고 호숫가를 서성거리다 그곳에서 꽃을 따는 페르세포네를 발견했어요.
　'세상에 저렇게 아름다운 여인이 있다니!'
　하데스는 페르세포네를 본 순간 한눈에 반하고 말았어요.

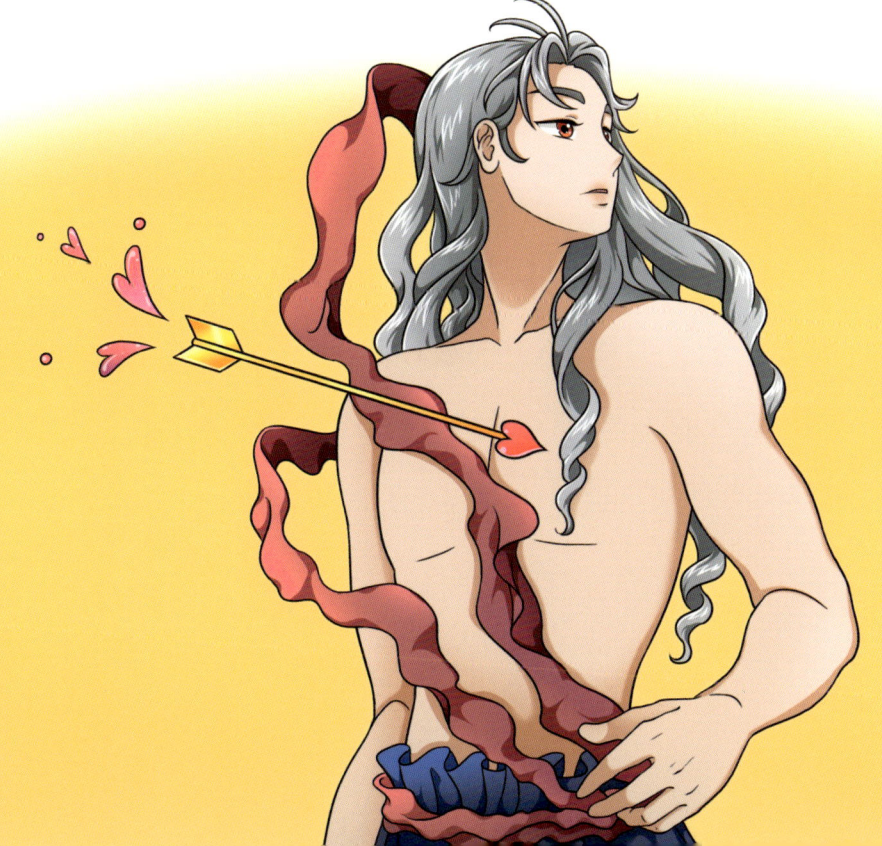

"어서 이 마차에 오르시오!"

하데스는 페르세포네를 재빨리 마차에 태웠어요. 그 광경을 본 샘의 요정들이 말렸지만, 하데스는 더욱 빠르게 말을 몰았어요.

"이것 놓으세요! 어머니, 저를 구해 주세요!"

페르세포네가 비명을 질렀지만 하데스는 못 들은 척했어요.

잠시 뒤 하데스가 채찍으로 땅을 내리치자 지하 세계로 가는 길이 열렸어요. 하데스는 페르세포네를 데리고 순식간에 땅속으로 사라졌어요.

곡식과 농사의 여신 데메테르는 딸이 사라진 것을 알고는 곧장 찾아 나섰어요.

"페르세포네, 어디 있느냐? 사랑하는 내 딸아!"

데메테르는 애타게 부르짖으며 온 세상을 돌아다녔지만 결국 딸을 찾지 못했어요.

데메테르는 딸이 머물던 호숫가로 돌아와 한숨을 내쉬었어요.

"페르세포네, 도대체 어디에 있니?"

요정들은 페르세포네가 납치된 것을 알려 주고 싶었지만, 하데스가 두려워서 입을 꼭 다물 수밖에 없었어요.

그때 페르세포네가 잡혀가면서 떨어뜨린 허리띠가 물 위로 떠올랐어요. 데메테르는 딸의 허리띠를 금세 알아보았어요.

"내 딸에게 나쁜 일이 생긴 게 분명하구나!"

데메테르의 가슴에 불같은 화가 끓어올랐어요.

"그동안 내가 땅에 얼마나 큰 은혜를 베풀었는데 이런 일이 생긴단 말이냐! 앞으로는 절대 땅에 은혜를 베풀지 않겠다!"

데메테르의 말이 끝나자마자 순식간에 땅이 말라 붙으며 쩍쩍 갈라지더니 땅 위의 나무와 곡식이 모두 시들고 말았어요.

풍요롭기로 유명한 시칠리아 땅은 다른 곳보다 더욱 심하게 황폐해졌지요.

그때 샘의 요정 아레투사가 용기를 내어 데메테르 앞에 나섰어요.

"데메테르 님, 지하 세계의 왕 하데스 님이 따님을 납치해 갔습니다. 하데스 님이 무서워서 아무도 말릴 수 없었지요. 지금 따님은 지하 세계의 왕비가 되셨습니다."

"뭐라고? 하데스가 내 딸을 납치해 왕비로 삼았단 말이냐?"

화가 치밀어 오른 데메테르는 곧장 제우스에게 날아갔어요.

"하데스가 우리 딸 페르세포네를 납치해 갔습니다. 어서 페르세포네를 구해 주세요!"

제우스는 몹시 난감한 표정을 지었어요. 아무리 신들의 왕이라 해도 지하 세계의 일까지 참견할 수는 없었기 때문이지요.

제우스가 아무 말도 하지 않자 데메테르는 원망하며 말했어요.

"그렇다면 저도 앞으로는 절대로 땅을 돌보지 않겠습니다!"

그제야 제우스는 데메테르를 달래며 말했어요.

"내가 해결해 줄 테니 너무 걱정하지 마시오. 하지만 우리 딸 페르세포네가 이미 저승의 음식을 먹었다면 그때는 내 힘으로도 어찌할 수 없소."

운명의 여신들은 '저승의 음식을 먹으면 그곳에서 영원히 살아야 한다'는 것을 법으로 정해 놓았어요.

그래서 제우스도 법에 따라야 했어요.

데메테르가 돌아가자 제우스는 곧 전령의 신 헤르메스를 불렀어요.

"지금 당장 지하 세계로 가서 하데스에게 전해라. 페르세포네를 곧장 데메테르에게 돌려보내라고 말이다! 알겠느냐?"

"알겠습니다."

헤르메스는 쏜살같이 지하 세계로 날아갔어요.

한편, 꽃을 따다가 갑자기 지하 세계로 납치된 페르세포네는 날마다 슬픔에 잠겨 아무런 음식도 먹지 않았어요.

하데스는 헤르메스가 곧 자신을 찾아올 것을 이미 알고 있었어요. 곰곰이 생각에 잠긴 하데스가 무릎을 탁 쳤어요.

'옳지! 달콤한 석류로 페르세포네를 꾀어야겠다.'

하데스는 지하 세계의 낙원으로 가서 먹음직스러운 석류를 따 와 페르세포네에게 주며 말했어요.

"곧 헤르메스가 와서 당신을 데려갈 거요. 그러니 떠나기 전에 맛있는 석류를 좀 먹어 보시오."

페르세포네는 탐스러운 석류를 보고 잠시 망설이다가 한 알을 받아먹었어요.

얼마 뒤 헤르메스가 지하 세계에 도착했어요. 헤르메스는 하데스에게 제우스의 말을 전하고 곧장 페르세포네를 데리고 땅 위로 올라갔어요.

"오, 내 딸아! 얼마나 걱정했는지 모른단다."

기다리고 있던 데메테르가 페르세포네를 와락 끌어안았어요.

"얘야, 지하 세계에서 아무것도 먹지 않았겠지?"

데메테르는 궁금해서 얼른 딸에게 물었어요.

"석류를 한 알 먹었어요. 왜요, 어머니?"

"뭐라고? 운명의 여신들이 정한 법을 몰랐단 말이냐? 이 일을 어찌하면 좋단 말인가!"

페르세포네도 그제야 자신의 실수를 깨닫고 어쩔 줄 몰랐어요.

고민에 빠진 데메테르는 다시 제우스를 찾아가 말했어요.

"우리 딸이 지하 세계에서 석류 한 알을 먹었답니다. 아무리 그렇다고 해도 우리 딸을 지하 세계에서 영원히 살게 하지는 않겠지요?"

제우스가 난감한 표정을 지었어요. 그러자 데메테르가 단호하게 말했어요.

"우리 딸이 평생 지하 세계에 갇혀 살게 된다면 난 앞으로 절대 땅을 돌보지 않을 겁니다!"

제우스는 곰곰이 생각하더니 마침내 다음과 같이 말했어요.

"앞으로 페르세포네는 일 년 중 네 달은 지하 세계에서 살고, 나머지는 땅 위에서 살도록 해라."

데메테르는 딸을 영영 못 보는 것보다 그렇게라도 하는 게 낫다고 생각했어요.

그날 이후로 페르세포네는 일 년 중 네 달은 지하 세계의 왕비로서 하데스와 함께 살았어요.

나머지는 자유롭게 땅 위로 올라와 어머니 데메테르와 함께 살았지요.

페르세포네를 되찾은 데메테르는 다시 땅을 돌보기 시작했어요. 그러자 시들었던 나무와 곡식이 되살아났어요. 하지만 페르세포네가 지하 세계로 가 있는 동안에는 슬픔에 빠져 땅을 돌볼 수 없었어요. 그래서 땅이 메마르고 꽁꽁 얼어붙게 되었지요.

이때부터 우리가 사는 땅에는 봄, 여름, 가을, 겨울이 생기게 되었답니다.

아테나와 아라크네

수를 잘 놓기로 소문난 그리스인 아라크네는 자기가 아테나보다 솜씨가 더 뛰어나다고 말해요. 그 소문을 듣고 화가 난 아테나는 아라크네를 찾아가 누구 솜씨가 더 좋은지 겨루자고 해요. 아라크네는 과연 여신을 이길 수 있을까요?

9 아테나와 아라크네

지혜와 전쟁의 여신 아테나는 깃이 달린 투구를 쓰고 갑옷을 입은 모습으로 유명해요. 손에는 창과 방패를 들고 있지요.

아테나는 제우스의 머리에서 태어났는데, 갓난아이가 아닌 전사의 모습이었어요.

아테나는 그 어떤 남자 신과 맞서 싸워도 지지 않을 만큼 전투력이 뛰어나고 무척 정의로워요.

아테나는 기술의 신이기도 해서 인간들에게 농사법과 그릇 만드는 법 등을 가르쳐 주었어요.

또한, 천을 짜고 거기에다 수를 놓는 솜씨도 무척 뛰어났지요.
 그런데 그리스 동쪽 리디아에 사는 여자들도 천을 짜고 수를 놓는 솜씨가 무척 뛰어났어요. 그중에서도 아라크네의 솜씨는 워낙 뛰어나 숲의 요정들까지 몰려와 구경할 정도였어요.
 "아라크네가 수놓은 꽃은 진짜보다 더 아름다워!"

"벌과 나비가 금방이라도 날아올 것만 같아."

구경하던 사람들이 칭찬을 늘어놓았어요. 그때 어떤 여자가 아라크네에게 물었어요.

"혹시 아테나 님께 수놓는 법을 배웠나요?"

그 말을 들은 아라크네가 차갑게 말했어요.

"여신이든 누구든 아무도 나를 가르치지 못해요! 천을 짜고 수를 놓는 솜씨는 내가 최고니까요!"

여자는 당황한 나머지 얼굴이 빨개졌어요.

"아테나 님이 들으시면 어쩌려고……."

"쳇, 나는 아테나 님과 솜씨를 겨뤄도 절대 지지 않을 자신이 있어요!"

아라크네는 화를 벌컥 내며 소리쳤어요.

그날 아라크네가 한 말은 이 마을에서 저 마을로 퍼져 나갔어요. 그러다 결국 아테나를 비롯한 올림포스의 신들에게까지 전해졌어요.

'감히 나를 깔보다니, 얼마나 솜씨가 좋기에?'

아테나는 궁금증이 생겨 할머니로 모습을 바꾼 다음 아라크네의 집으로 찾아갔어요. 아테나가 지팡이를 짚고 나타나자 아라크네가 물었어요.

"할머니는 누구시죠?"

"지나가다가 소문을 듣고 왔다오. 수놓는 솜씨가 얼마나 좋은지 몰라도 아테나 님을 깔보면 안 돼요.

지금이라도 여신께 용서를 비는 게 어떨까요?"

하지만 아라크네는 손가락질을 하며 외쳤어요.

"당신이 아테나 님이라도 되나요? 여신이 와도 두렵지 않으니 쓸데없는 참견하지 말고 당장 가세요!"

아라크네는 아테나를 문밖으로 확 밀어 버렸어요. 그 순간 아테나가 원래 모습으로 돌아왔어요.

"흠, 솜씨가 얼마나 좋은지 몰라도 참 건방지구나.

그래, 누구 솜씨가 더 좋은지 나와 겨뤄 보겠느냐?"

아테나를 본 사람들과 요정들은 모두 놀라 고개를 숙였어요. 아라크네는 금세 얼굴이 창백해졌어요. 하지만 이내 담담하게 말했어요.

"어차피 이렇게 되었으니 솜씨를 한번 겨뤄 보고 싶어요."

"좋다. 누가 더 수를 잘 놓는지 시합해 보자."

아테나와 아라크네는 나란히 베틀 앞에 앉아 커다란 천에 수를 놓기 시작했어요. 아테나의 손도, 아라크네의 손도 눈에 보이지 않을 정도로 빠르게 움직였어요. 구경꾼들은 숨소리조차 내지 않고 그 광경을 지켜보았어요.

해 질 무렵이 되자 커다란 천 위에 아름다운 그림이 두 개 완성되었어요. 먼저 아테나가 자기 작품을 보여 주었어요.

"오, 정말 신들이 바로 눈앞에 있는 것 같아!"

구경꾼들이 감탄하며 말했어요.

아테나의 작품은 올림포스 열두 신의 모습을 표현한 것이었어요. 인자한 제우스와 헤라, 아프로디테, 데메테르, 헤르메스 등의 모습이 생생하게 담겨 있었어요.

이번에는 아라크네의 작품이 펼쳐졌어요. 아라크네도 올림포스 신들의 모습을 수놓아 그림을 완성했어요. 그런데 아테나의 작품과 달리 올림포스 신들을 조롱하는 내용이었어요.

여러 여신을 만나는 제우스의 모습, 헤라의 질투로 고통을 당하는 여신과 요정들의 모습도 있었어요. 그리고 신의 권위에 도전했다가 비참한 최후를 맞는 인간들의 모습도 담겨 있었어요. 구경꾼들은 놀라 아무 말도 하지 못했어요.

아라크네의 수놓는 솜씨는 여신인 아테나와 마찬가지로 빼어났지만, 신들의 권위에 도전하는 그림 내용이 문제였어요.

 아테나는 아라크네의 작품을 보는 순간 치밀어 오르는 화를 참을 수 없었어요.

 "신들을 조롱하고도 무사할 것 같으냐!"

아테나는 아라크네의 작품을 갈가리 찢어 버렸어요. 그러고는 아라크네를 크게 꾸짖었어요.

"너의 수놓는 솜씨는 참으로 뛰어나다. 하지만 신의 권위에 도전하는 건방진 태도는 봐줄 수 없구나."

아테나의 목소리는 소름이 돋을 만큼 싸늘했어요. 그 순간 자신이 용서받지 못하리라는 걸 알아챈 아라크네는 스스로 죽음을 선택하려 했어요.

"네 솜씨가 뛰어나니 그냥 죽게 두지는 않겠다."

아테나는 아라크네를 살려 주기로 했어요.

"너는 앞으로 평생 허공에 매달려 실을 잣고 베를 짤 것이다. 세상 사람들은 너를 보면서 신에게 건방지게 굴면 어떤 일이 생기는지 배우게 될 것이다."

아테나가 아라크네의 몸에 마법의 액체를 뿌렸어요. 그러자 아라크네는 점점 작아지더니 다리가 여덟 개인 거미로 변하고 말았어요.

그 뒤 거미로 변한 아라크네는 평생 꽁무니에서 실을 뽑아 그물처럼 생긴 집을 지으며 살게 되었어요.

지혜와 전쟁의 여신 아테나는 그리스의 수도 아테네와도 깊은 관련이 있어요. 아테네의 원래 이름은 아티카인데, 아테나는 이곳 사람들에게 올리브나무

를 선물로 주었어요. 아티카 사람들은 올리브나무에서 뽑은 올리브유를 주변 지역에 팔아 풍요롭게 살았어요.

그래서 아티카라는 도시 이름을 아테나와 비슷한 아테네로 바꾼 거예요. 그 뒤 아테네는 점점 발전해서 그리스의 중심 도시가 되었어요.

아테나가 올리브나무를 처음 심은 곳이 바로 아크로폴리스예요. 아크로폴리스는 '높은 도시'라는 뜻이지요. 훗날 사람들은 아테나를 아테네의 수호신으로 모시고 아름다운 파르테논 신전을 지었답니다.

전령의 신, 헤르메스

제우스와 요정 마이아 사이에서 태어난 헤르메스는 제우스를 돕는 전령과 상업의 신이에요. 날개가 달린 모자와 신발을 착용하고 어디든 날아다니지요. 영리하고 재주도 많은 헤르메스의 어린 시절은 과연 어땠을까요?

10 전령의 신, 헤르메스

　전령과 상업의 신 헤르메스는 제우스와 요정 마이아 사이에서 태어났어요. 마이아는 헤라의 눈을 피해 그리스 남쪽에 있는 킬레네산 동굴에서 헤르메스를 낳았지요.

"응애, 응애."

아기가 울음을 터뜨렸어요. 마이아는 아기를 달래서 재우고 자기도 깜박 잠이 들었어요. 그사이 갓 태어난 헤르메스가 눈을 번쩍 뜨더니 혼자 걸어서 동굴 밖으로 나갔어요.

헤르메스는 동굴 앞에서 거북 등껍질을 발견했어요. 나중에 쓸 데가 있을 것 같아 등껍질을 동굴 안에 던져 놓았지요. 신의 자식이라 그런지 헤르메스는 걸어가면서도 쑥쑥 자랐어요.

　헤르메스는 빠른 걸음으로 그리스 북쪽에 있는 테살리아까지 갔어요. 가만 보니 들판에서 소들이 한가롭게 풀을 뜯고 있었어요.

"와, 멋진 소들이네!"

 욕심이 생긴 헤르메스는 소를 훔치기로 마음먹었어요. 마침 소를 돌보는 이도 보이지 않았어요.

 헤르메스는 풀로 신발을 만들어 거꾸로 신었어요. 그러고는 소들의 꼬리를 잡고 뒤로 걷게 하여 소를 훔쳤어요.

 그런데 그 소들을 돌보는 이는 태양과 음악의 신 아폴론이었어요. 죄를 짓게 된 아폴론은 제우스의 벌을 받게 되었는데, 그게 바로 일 년 동안 소를 돌보는 것이었지요.

 얼마 뒤 아폴론은 소들이 사라진 사실을 알게 되었어요. 그런데 땅을 살펴보니 들어온 발자국은 있는데 나간 발자국은 없었어요.

 "도둑이 나름대로 꾀를 부렸군. 그런다고 내가 모를 줄 알고!"

아폴론은 거꾸로 난 발자국을 따라 끈질기게 뒤쫓아 갔어요.

 걸음이 빠른 헤르메스는 그때쯤 이미 킬레네산 근처에 도착했어요. 헤르메스는 소들을 몰고 가다가 바위 위에 앉아 있는 한 노인을 발견했어요. 노인의 이름은 바토스였지요.

헤르메스는 노인이 자신을 본 것을 말하지 못하게 하려고 다가가 말했어요.

"할아버지, 누가 저를 봤는지 물으면 못 봤다고 해 주세요. 그럼 소를 한 마리 드릴게요."

바토스는 고개를 끄덕이며 손으로 바위를 툭툭 두드렸어요.

"알았다. 내 입은 이 바위보다 무거우니 걱정하지 말아라. 만일 내가 널 봤다고 누군가에게 말한다면 바위로 변해도 좋다."

헤르메스는 얼른 소 한 마리를 바토스에게 주고 다시 길을 떠났어요.

얼마쯤 가다가 헤르메스는 소들을 나무에 묶어 두고 재빨리 다른 모습으로 변장했어요. 그러고는 다시 바토스가 앉아 있는 곳으로 갔어요.

"어르신, 혹시 누군가 소를 끌고 이곳을 지나가지

않았나요? 저는 그 소의 주인인데 알려 주시면 소를 두 마리 드리지요."

바토스는 바로 대답했어요.

"어떤 소년이 소를 여러 마리 끌고 저쪽으로 서둘러 가더군요."

그 순간 헤르메스가 원래 자기 모습으로 돌아와 소리쳤어요.

"흥, 아까 분명히 바위로 변해도 좋다고 했지요!"

헤르메스의 말이 끝나자마자 노인은 서서히 몸이 굳더니 정말 바위로 변하고 말았어요.

헤르메스는 소들을 몰고 다시 길을 떠났어요.

헤르메스는 숲에 소들을 숨긴 뒤, 풀로 만든 신발을 벗어 강에 던져 버렸어요. 그리고는 소 두 마리를 잡아 올림포스 신들에게 제물로 바쳤어요.

헤르메스는 소의 긴 창자만 가지고 마이아가 있는 동굴로 돌아갔어요. 그는 잠든 마이아 곁에 앉아 아까 던져 놓은 거북 등껍질과 소 창자로 무언가를 만들기 시작했어요.

등껍질에 막대기를 꽂고 선처럼 가늘게 늘인 소 창자를 연결하자 멋진 악기가 완성되었어요. 손가락으로 튕겨 보니 매우 아름다운 소리가 났어요. 이렇게 만들어진 것이 바로 옛날 그리스인들이 가장 좋아하던 악기 리라랍니다.

헤르메스는 리라를 숨겨

놓은 뒤 마이아 옆에 누웠어요. 그러고는 아무 일도 없었다는 듯 쿨쿨 잠이 들었어요.

한편, 소도둑의 발자국을 뒤쫓던 아폴론은 킬레네 산까지 와서 한참 헤맨 끝에 헤르메스가 있는 동굴을 찾아냈어요. 아폴론이 동굴로 들어서자 마침 잠에서 깬 마이아가 깜짝 놀랐어요.

"아폴론 님께서 여길 어떻게 오셨습니까?"

아폴론은 마이아의 말에는 대답도 하지 않고 잠든 헤르메스를 깨웠어요.

"당장 일어나라! 감히 내가 돌보는 소를 훔치다니."

아폴론은 헤르메스가 제우스의 아들이라는 걸 한눈에 알아챘어요. 잠에서 깬 헤르메스는 시치미를 떼며 어깨를 으쓱했어요.

"소요? 저는 모르는 일입니다."

"다 알고 왔으니 어서 소를 내놓고 용서를 빌어라."

"전 모른다니까요."

헤르메스는 끝까지 고개를 저으며 아무것도 모른다고 우겼어요.

"흠, 말로는 안 되겠군. 지금 당장 제우스 님께 가서 따져 보자."

아폴론은 헤르메스를 잡아끌었어요. 헤르메스는 얼른 리라를 품에 안고 아폴론을 따라갔어요.

아폴론은 제우스에게 그동안 있었던 일을 모두 설명했어요. 제우스는 빙그레 웃으며 헤르메스를 바라보았어요. 똑똑하고 꾀도 많아 보이는 헤르메스가 마음에 들었던 거예요.

제우스가 헤르메스에게 말했어요.

"장난은 그만 치고 소를 돌려주어라. 그리고 너는 앞으로 올림포스에서 내 심부름을 하도록 해라."

"네, 알겠습니다."

올림포스에서 나온 헤르메스는 아폴론과 함께 소들이 묶여 있는 숲으로 향했어요. 가면서 리라를 연주했는데, 아폴론은 아름다운 리라 소리에 완전히 반하고 말았어요. 눈치가 빠른 헤르메스는 아폴론의 마음을 금세 알아챘어요.
"이 리라가 마음에 드시죠? 그럼 이것과 제가 훔친

소들을 바꾸실래요?"

"좋다, 바꾸자!"

결국 헤르메스는 상대방의 마음을 잘 이용해 소들을 다시 차지했어요. 이런 뛰어난 능력 때문에 헤르메스를 상업의 신이라고도 해요. 아폴론은 헤르메스를 동생으로 삼고 친하게 지내기로 했어요.

어느덧 헤르메스는 어엿한 청년으로 자랐어요. 헤르메스는 음악을 좋아하는 아폴론에게 풀피리 만드는 법을 가르쳐 주었어요.

아폴론은 감사의 표시로 헤르메스에게 뱀 두 마리가 감고 있는 날개 달린 지팡이를 선물로 주었어요. 이 지팡이를 '케리케이온'이라고 하는데, 이것이 이마에 닿으면 누구나 깊은 잠에 빠지고 말아요.

제우스도 헤르메스를 전령의 신으로 삼고 멋진 선물을 주었어요.

대장장이의 신 헤파이스토스가 특별히 만든 날개 달린 모자와 신발이지요.

　"이 모자와 신발만 있으면, 넌 세상에서 가장 빠른 자가 될 것이다!"

　제우스의 선물 덕분에 헤르메스는 세상 어디든 눈 깜짝할 새에 다녀올 수 있었어요. 제우스가 시키는 심부름을 척척 해낼 수 있었지요.

　꾀가 많은 헤르메스는 이렇듯 여러 신들에게 인기가 많았어요. 헤라도 자신이 낳은 자식처럼 헤르메스를 예뻐할 정도였답니다.

전쟁을 좋아하는 아레스

제우스의 아들 아레스는 잘생기고 힘도 센 전쟁의 신이에요. 하지만 정의를 위해 싸우는 아테나와는 달리 성격이 포악하고 싸움 자체를 좋아했어요. 전쟁터에서 마주하게 된 아레스와 아테나에게 과연 무슨 일이 일어날까요?

11 전쟁을 좋아하는 아레스

　전쟁의 신 아레스는 대장장이의 신 헤파이스토스의 동생이에요. 그는 형과는 달리 얼굴도 잘생기고 힘도 무척 셌어요.

　한때 아레스는 헤파이스토스의 아내 아프로디테와 사랑에 빠져 몰래 만난 적이 있어요. 이 때문에 헤파이스토스는 몹시 화가 났지요.

　결국 아레스는 아프로디테와 함께 있다가 헤파이스토스가 만든 투명 그물에 걸려 톡톡히 망신을 당하고 말았어요.

아레스는 어릴 때부터 싸우는 것을 좋아하고 전쟁을 즐겼어요. 어른이 된 뒤에도 투구를 쓰고 전쟁터에 나가 실컷 싸움을 즐겼지요.

또 다른 전쟁의 신인 아테나는 정의를 위해 싸웠지만, 아레스는 누가 옳고 그른지는 아예 관심도 없었어요. 직접 나서서 전쟁을 부추기기도 했어요.

"참지 말고 나가서 싸워. 전쟁을 해서 이기면 그만이잖아!"

아레스가 이렇게 부추기면 금세 전쟁이 터져 수많은 사람이 다치고 죽었어요.

아레스는 그리스와 트로이 사이에 전쟁이 났을 때도 직접 나서서 싸우고 싶어 했어요. 이 전쟁이 바로 유명한 트로이 전쟁이에요.

신들은 보통 직접 나서서 싸우지 않았어요. 그저 자기가 좋아하는 장수를 응원하다가 혹시라도 다치면 상처를 치료해 주는 정도였지요. 하지만 아레스는 달랐어요.

아레스는 직접 전쟁터로 나가 트로이를 위해 싸웠어요. 자기가 좋아하는 아프로디테가 트로이 편이었기 때문이에요.

"헥토르, 전차를 빌려다오. 내가 직접 싸우겠다."

아레스는 트로이의 영웅 헥토르의 전차를 타고 나가 창을 마구 휘둘렀어요. 그때마다 그리스 병사들은 힘없이 쓰러졌어요.

올림포스에서 이 광경을 내려다보던 아테나는 몹시 화가 났어요.

"저건 너무하잖아! 아레스를 혼내 주어야겠군."

아테나는 곧장 지하 세계의 하데스를 찾아갔어요.

"하데스 님의 황금 투구를 제게 빌려주십시오."

"그러지. 자, 여기 있으니 가져가게."

아테나는 황금 투구를 가지고 급히 지하 세계에서 나와 전쟁터로 향했어요.

전쟁터에서는 치열한 싸움이 벌어지고 있었어요. 그리스군은 아레스와 헥토르의 공격에 쩔쩔맸어요. 아레스가 창을 휘두를 때마다 그리스 병사들이 비명을 지르며 쓰러졌어요.

그리스군 장수 가운데는 아르고스의 왕 디오메데스도 있었어요. 용맹스러운 디오메데스는 어깨에 화살을 맞고도 트로이의 장수 아이네이아스와 맞서 싸웠어요.

"얏, 받아라!"

디오메데스가 아이네이아스에게 돌을 던졌어요. 그러자 아이네이아스는 허리에 돌을 맞고 비명을 지르며 쓰러졌어요. 그 순간, 갑자기 아프로디테가 나타나 자기 옷으로 아이네이아스를 가려 보호했어요. 아이네이아스는 아프로디테가 인간인 안키세스와 낳은 아들이었거든요.

그날 아프로디테는 아폴론과 함께 트로이군을 응원하러 나왔다가, 아이네이아스가 다치는 광경을 본 것이었어요.

"어서 여기를 빠져나가자."

아프로디테는 아들을 부축한 채 발걸음을 재촉했어요. 하지만 디오메데스가 계속 쫓아와 창을 휘둘렀어요. 아프로디테는 창을 막다가 그만 팔에 상처를 입고 말았어요.

그 모습을 본 아폴론이 급히 달려왔어요.

"안 되겠어요. 얼른 피해야겠군요."

아폴론은 검은 구름으로 아프로디테와 아이네이아스를 가려 주었어요. 그 틈에 둘은 재빨리 전쟁터에서 벗어날 수 있었지요.

디오메데스는 그 뒤에도 어깨를 다친 채로 계속 싸웠어요. 그러다 트로이군을 돕는 아레스를 발견하고는 그 자리에 풀썩 주저앉고 말았어요.

마침 그때 아테나가 디오메데스를 발견했어요.

"그리스의 영웅인 그대가 겨우 그 정도의 상처를 입었다고 주저앉아 있으면 어쩌느냐?"

디오메데스가 자리에서 일어나며 말했어요.

"상처 때문에 그런 게 아닙니다. 저기를 보십시오. 아레스 님이 트로이군을 돕고 있습니다. 인간인 제가 어떻게 신과 싸울 수 있겠습니까?"

"걱정하지 말아라. 내가 너를 도울 테니 당장 가서 아레스와 싸워라!"

디오메데스는 주먹을 불끈 쥐었어요.

"그렇게 해 주신다면 최선을 다해 싸우겠습니다."

디오메데스는 곧바로 전차를 몰고 전쟁터 한가운데로 달려갔어요.

아테나도 천천히 전차를 몰며 하데스가 빌려준 황금 투구를 머리에 썼어요. 그러자 아테나의 몸이 투명해져 눈에 보이지 않게 되었어요.

디오메데스는 전차를 몰고 곧장 아레스에게 달려가 전투를 벌였어요. 디오메데스와 아레스의 창이 몇 번이나 부딪치며 불꽃을 일으켰어요.

"흥, 인간이 신에게 도전하다니 어리석구나!"

아레스는 디오메데스의 창을 슬쩍 피한 뒤 재빨리 공격했어요.

아레스의 창이 디오메데스의 가슴에 닿으려는 순간, 어느새 다가와 있던 아테나가 창을 휙 잡아챘어요. 아레스는 크게 당황했어요.

"이게 무슨 일이지!"

아레스가 중심을 잃고 쓰러지려고 하자 디오메데스가 순식간에 아레스를 창으로 공격했어요.

"아아악!"

아레스의 비명이 전쟁터에 메아리쳤어요. 그는 창에 찔려 배를 크게 다치고 말았어요. 아레스는 급히 몸을 숨기고는 올림포스로 날아갔어요. 그는 배를 움켜잡고 제우스를 찾아가 하소연했어요.

"아테나의 짓이 분명합니다. 제발 아테나에게 벌을 내려 주십시오!"

하지만 제우스는 오히려 아레스를 야단쳤어요.

"벌은 네가 받아야 한다! 왜 너는 피에 굶주린 맹수처럼 날마다 싸움만 하고 다니느냐!"

비록 야단은 쳤지만 제우스는 아폴론에게 아레스를 치료해 주라고 했어요. 아폴론이 약초를 붙여 주자 아레스의 상처는 금세 아물었어요.

제우스는 싸움을 즐기는 아레스는 별로 좋아하지 않았어요. 하지만 정의를 위해 싸우는 아테나는 대단히 아끼고 사랑했지요.

술과 축제의 신, 디오니소스

디오니소스는 제우스의 아들이지만 어머니가 인간이어서 신은 아니었어요. 제우스가 다른 여자와 낳은 자식이기 때문에 헤라의 괴롭힘을 당하며 자랐지요. 그런 디오니소스가 올림포스 열두 신에 포함되기까지 무슨 일이 일어났을까요?

12 술과 축제의 신, 디오니소스

테베의 왕 카드모스에게는 세멜레라는 매우 아름다운 딸이 있었어요.

"오, 참으로 아름다운 공주로구나!"

올림포스의 최고 신 제우스도 세멜레를 보고 한눈에 반했어요.

제우스는 아내 헤라의 눈을 피해 세멜레와 사랑을 나누었어요. 그러는 동안 세멜레는 제우스의 아이를 가지게 되었지요. 하지만 눈치 빠른 헤라는 금세 이 사실을 알아챘어요.

"감히 인간이 신의 아이를 낳으려고 하다니! 혼을 내 주어야겠구나."

헤라는 세멜레의 유모로 변장한 다음 세멜레를 찾아갔어요.

"유모, 나 제우스 님의 아이를 가졌어."

세멜레는 오랜만에 만난 유모를 반갑게 맞이하며 말했어요.

그러자 유모로 변장한 헤라가 눈을 가늘게 뜨고 세멜레를 바라보았어요.

"공주님, 그 사람은 가짜 제우스일지도 몰라요. 그러니 진짜 제우스 님이라면 싸움에 나설 때의 모습을 보여 달라고 하세요."

세멜레는 금세 헤라의 꼬임에 넘어가고 말았어요.

'그래, 유모의 말이 맞을지도 몰라.'

그날 밤, 제우스가 찾아오자 세멜레가 은근하게 말했어요.

"제우스 님, 소원이 하나 있어요. 들어주실 거죠?"

"물론이지. 스틱스강을 걸고 맹세하마. 어서 네 소원을 말해 보아라."

스틱스강을 걸고 한 맹세는 아무리 신이라고 해도 절대 어길 수 없었어요.

이윽고 세멜레가 말했어요.

"당신이 정말 제우스 님이라면, 싸움에 나설 때의 진짜 모습을 보여 주세요."

제우스는 흠칫 놀랐어요. 자신의 진짜 모습을 보고 살아남은 사람은 지금까지 아무도 없었기 때문이에요. 하지만 이미 스틱스강을 걸고 맹세한 뒤라 세멜레의 소원을 들어줄 수밖에 없었어요.

잠시 사라졌던 제우스는 싸움에 나설 때의 모습으로 다시 나타났어요. 제우스가 갑옷을 입은 채 번개 창을 들고 나타나자 뜨겁고 환한 빛이 쏟아졌어요. 천둥도 울리고 번개도 번쩍였어요.

"아아악!"

제우스의 몸에서 나온 뜨거운 빛을 견디지 못한 세멜레는 결국 그 자리에서 죽고 말았어요.

"이럴 수가……. 세멜레, 정말 미안하구나. 우리 아이는 내가 잘 키우마."

아이가 아직 살아 있는 것을 확인한 제우스는 세멜레의 몸에서 아이를 꺼냈어요. 그러고는 조심스럽게 자신의 넓적다리에 집어넣었어요.

제우스의 넓적다리 안에서 자란 아이는 몇 달이 지난 뒤 태어났어요. 이 아이가 바로 디오니소스예요. 제우스는 갓 태어난 디오니소스를 헤르메스에게 맡겼어요.

헤르메스는 세멜레의 자매인 이노에게 아이를 건네주며 말했어요.

"이 아이를 부디 잘 키워 주시오."

하지만 이번에도 헤라가 금세 이 사실을 알고는 불같이 화를 냈어요.

헤라는 이노를 미친 사람으로 만들어 아이를 돌볼 수 없게 했어요. 그러자 제우스는 디오니소스를 새끼 염소로 변하게 했어요.

헤라의 손에서 벗어나려면 그 방법이 가장 좋을 것 같았기 때문이에요.

제우스는 다시 헤르메스를 불렀어요.

"이 아이를 니사산에 있는 요정들에게 맡겨 키우도록 해라."

"네, 알겠습니다."

헤르메스는 디오니소스를 니사산의 숲속 요정들에게 맡겼어요. 착한 요정들은 디오니소스를 동굴 속에 숨겨 두고 잘 키워 주었어요.

어느덧 세월이 흘러 디오니소스는 어엿한 청년으로 자랐어요.

그러던 어느 날, 디오니소스는 숲속을 산책하다가 어느 나무에 보랏빛 열매가 주렁주렁 달린 것을 보았어요. 바로 포도였어요. 디오니소스는 탐스러운 포도를 한 송이 따서 입에 넣었어요.

"와, 정말 달콤하고 맛있는걸!"

포도 맛에 반한 디오니소스는 포도나무를 키우는 법도 잘 알게 되었어요.

그런데 하루는 동굴 안 항아리에 넣어 둔 포도즙에서 향긋한 냄새가 솔솔 났어요. 디오니소스는 몇 모금 마셔 보았지요.

"오, 포도즙이 익으니까 향기와 맛이 더 좋네!"

항아리에 담아 둔 포도즙이 발효되어 술로 변한 거예요.

포도주를 홀짝홀짝 마시다 보니 디오니소스는 기분이 좋아졌어요. 얼굴이 빨개진 채 콧노래를 부르며 계속 포도주를 마셨지요.

디오니소스는 포도주를 아주 좋아해서 포도로 술을 담그는 법까지 자세히 알게 되었어요.

하지만 또다시 위기가 찾아왔어요. 헤라가 디오니소스를 찾아낸 거예요.

"그 녀석이 살아 있다고? 용서할 수 없어!"

화가 난 헤라는 디오니소스도 미치게 만들어 버렸어요.

디오니소스는 사람들의 손가락질을 받으며 이 나라 저 나라를 떠돌아다녔어요. 그러다가 다행히도 프리기아에서 착한 여신 레아를 만났어요.

"저런, 불쌍한 디오니소스. 내가 너의 병을 치료해 주마."

레아는 디오니소스를 치료해 주었고, 즐겁게 축제를 여는 방법도 가르쳐 주었어요.

"레아 님, 정말 고맙습니다!"

디오니소스는 레아에게 감사 인사를 전했어요. 그러고는 이제 떠돌이 생활을 그만두고 고향인 테베로 돌아가기로 했어요.

디오니소스는 표범이 끄는 마차를 타고 들판을 지나갔어요. 길에서 사람을 만나면 잠시 머물러서 포도를 기르는 법과 포도주 만드는 법을 자세히 알려 주었어요.

"와, 향기도 좋고 맛도 정말 좋군요!"

"포도주를 마시면 기분이 황홀해져요!"

포도주의 맛과 향에 반한 사람들은 디오니소스를 '술의 신'이라고 부르며 떠받들었어요. 디오니소스는 사람들과 숲속에 모여 포도주를 마시고 춤을 추며 즐겁게 축제를 벌였어요.

"나는 술과 축제의 신 디오니소스다! 내가 너희들에게 기쁨과 즐거움을 주겠노라!"

디오니소스를 믿고 따르는 사람은 점점 더 많아졌어요.

어느덧 디오니소스의 마차가 테베에 도착했어요. 그곳 사람들도 금세 디오니소스를 좋아하게 되었어요.

디오니소스와 사람들은 날마다 숲에 모여 포도주 축제를 벌였어요. 춤과 노래가 어우러진 즐거운 축제는 밤새 이어졌어요.

그때 테베의 왕은 펜테우스였어요. 카드모스 왕이 물러나고 그의 손자가 뒤를 이은 것이지요. 펜테우스는 디오니소스의 사촌이기도 해요.

 많은 백성들이 디오니소스를 따르자 펜테우스는 불안했어요.

 '혹시 디오니소스가 내 자리를 노리는 건 아닐까?'

펜테우스는 신하에게 디오니소스를 따르는 사람을 한 명 잡아 오게 했어요. 얼마 뒤 아코이테스라는 뱃사람이 끌려왔어요.

펜테우스가 아코이테스를 매섭게 쏘아보았어요.

"디오니소스에 대해 네가 본 대로 말해 보아라."

아코이테스는 무릎을 꿇은 채로 말했어요.

"저는 어느 날 동료 선원들과 귀족처럼 보이는 청년을 납치했습니다. 나중에 알고 보니 그가 디오니소스였습니다."

아코이테스의 이야기는 다음과 같았어요.

뱃사람들은 청년을 납치해 몸값을 받아 내려고 했어요. 디오니소스가 돈 많은 집안의 귀족처럼 보였거든요.

뱃사람들은 청년을 밧줄로 꽁꽁 묶어 배에 태웠어요. 그런데 이상하게도 밧줄이 저절로 스르르 풀려 버렸어요. 그뿐이 아니었어요. 아무리 배를 돌리려고 해도 배가 자꾸 엉뚱한 방향으로 갔어요.

  아코이테스는 아무래도 이상한 생각이 들어서 청년을 풀어 주자고 했어요. 하지만 다른 뱃사람들은 청년을 아예 없애 버리자고 주장했어요.

  그런데 그때 갑자기 바다 한가운데에서 포도 덩굴이 자라나 배를 칭칭 감아 버렸어요. 그와 함께 어디선가 피리 소리가 들려오더니, 향기로운 포도주 냄새가 났어요.

  청년은 어느새 술과 축제의 신 디오니소스로 변해 뱃사람들을 무섭게 노려보았어요.

  "으악, 사람 살려!"

  뱃사람들은 겁에 질려 모두 바다로 뛰어들었어요.

그런데 물에 뛰어들자마자 다들 돌고래로 변해 버렸어요. 아코이테스만 그대로였지요. 그의 말을 들은 펜테우스는 고개를 저었어요.

"그런 말에 내가 속을 것 같으냐!"

펜테우스는 신하들에게 명령했어요.

"디오니소스와 그를 따르는 내 백성들이 더는 축제를 열지 못하게 하라!"

하지만 왕의 명령이 떨어졌는데도 축제에 참가하는 사람들은 점점 늘어났어요. 사람들은 왕보다 디오니소스의 말에 더 귀를 기울였어요.
펜테우스는 병사 몇 명을 이끌고 디오니소스와 사람들이 축제를 여는 숲으로 몰래 가 보았어요.
그런데 이게 웬일일까요? 사람들이 숨어 있는 펜테우스를 보더니 이렇게 소리쳤어요.
"사자가 나타났다!"

"힘을 합쳐 사자를 물리치자!"

사람들의 눈에는 정말로 펜테우스가 사자로 보였어요. 결국 펜테우스는 자기 백성들이 던진 돌에 맞아 목숨을 잃고 말았어요.

얼마 뒤 제우스가 디오니소스를 올림포스로 불렀어요.

"그동안 고생이 많았다. 앞으로는 올림포스에 올라와 신으로 살도록 해라."

그때 화로의 여신 헤스티아가 나서서 말했어요.

"저는 조용히 사는 것을 좋아합니다. 그러니 이제 저는 물러나고 젊은 디오니소스에게 제 자리를 물려주고 싶습니다."

그렇게 하여 디오니소스가 헤스티아 대신 올림포스 열두 신의 자리에 오르게 되었어요.

디오니소스는 나중에 지하 세계에 있는 어머니 세

멜레를 올림포스로 모시고 와서 함께 살았어요.
 그 대가로 하데스의 궁전 앞에 포도주 항아리를 놓아 주었지요.
 사람들은 뒤늦게야 디오니소스가 진짜 신이라는 것을 알게 되었어요. 그래서 그를 기리기 위해 해마다 포도주 축제를 열고 제사를 지냈답니다.

그리스 로마 신화를 읽는 이유

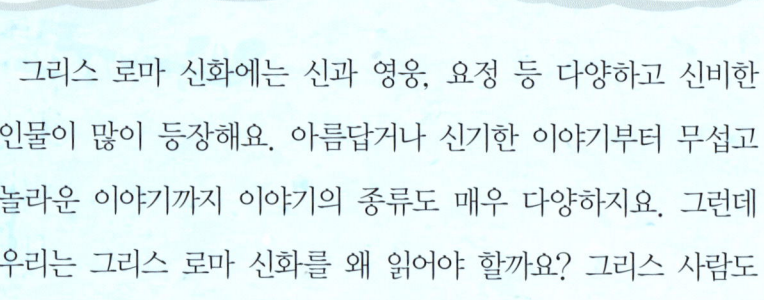

　그리스 로마 신화에는 신과 영웅, 요정 등 다양하고 신비한 인물이 많이 등장해요. 아름답거나 신기한 이야기부터 무섭고 놀라운 이야기까지 이야기의 종류도 매우 다양하지요. 그런데 우리는 그리스 로마 신화를 왜 읽어야 할까요? 그리스 사람도 아니고 로마 사람도 아닌데 말이지요.

　그리스 로마 신화는 고대 그리스에서 만들어지기 시작해 로마 제국으로 이어지는 신화예요. 그리스 신화를 받아들인 로마 사람들이 신들의 이름과 내용을 바꾸기도 했지만, 중심은 어디까지나 그리스 신화예요. 하지만 서양 역사에서 로마가 중요한 자리를 차지하고 있기 때문에 '그리스 로마 신화'라는 이름이 붙게 되었지요.

　우리가 그리스나 로마 사람도 아닌데 그리스 로마 신화를 읽어야 하는 이유는 신화에 등장하는 이야기가 지금까지도 생생하게 살아 있기 때문이에요. 언어와 문학, 역사, 철학 같은 학문을 인문학이라고 하는데, 그리스 로마 신화는 이 모든 학문에 깊이 스며들어 있어요.

그리스 로마 신화를 소재로 한 소설과 그림, 조각품도 셀 수 없이 많아요. 철학이나 심리학에서 쓰는 용어 가운데 그리스 로마 신화에 나오는 인물에서 따온 것도 있지요.

여러분도 한 번쯤 들어 봤을 '판도라의 상자'나 '미다스의 손' 등도 모두 그리스 로마 신화에서 나왔어요. 스포츠용품 회사인 나이키는 승리의 여신인 니케의 영어식 이름이고, 커피 회사인 스타벅스의 로고는 바다의 요정 세이렌이랍니다.

거문고자리, 오리온자리, 사자자리 같은 별자리 이름도 그리스 로마 신화 속에 나오는 이야기에서 생겨났어요. 이렇게 그리스 로마 신화를 읽어야 서양 문화와 역사의 뿌리를 알 수 있어요. 그리스 로마 신화가 그만큼 인류 역사와 학문, 예술에 큰 영향을 끼쳤기 때문이지요. 그래서 우리가 현대를 살면서도 계속 그리스 로마 신화를 읽는 것이랍니다.

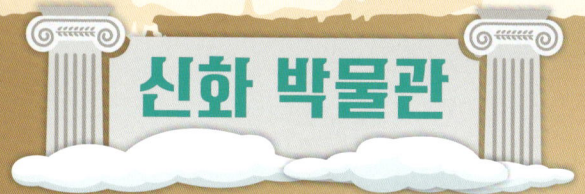

판도라의 상자

제우스는 뚜껑이 달린 작은 항아리를 판도라에게 건네주며 절대 뚜껑을 열지 말라고 했어요. 그 뒤 에피메테우스와 결혼해 행복하게 살던 판도라는 결국 호기심을 참지 못하고 항아리를 열고 말았어요. 항아리에서는 온갖 불행이 빠져나와 세상으로 퍼졌지요.

이렇게 제우스가 판도라에게 선물로 준 것은 항아리이지만 신화가 전해지는 과정에서 상자로 바뀌는 바람에 '판도라의 상자'로 더 널리 알려지게 되었다고 해요.

〈판도라〉, 존 윌리엄 워터하우스, 1896년

〈판도라〉, 단테이 게이브리얼 로세티, 1871년

인간의 아버지, 프로메테우스

〈묶인 프로메테우스〉,
페테르 파울 루벤스, 1611년경

인간을 만든 프로메테우스는 헤파이스토스의 대장간에서 불을 훔쳐 사람들에게 주었어요. 불을 이용하는 방법도 자세히 가르쳐 주었지요. 제우스는 몰래 불을 훔쳐 간 프로메테우스에게 크게 화를 내며, 산꼭대기의 바위에 그를 묶어 두고는 날마다 독수리에게 간을 쪼아 먹게 했답니다.

거미가 된 아라크네

아라크네는 그리스어로 '거미'라는 뜻이에요. 자신이 가장 수를 잘 놓는다며 뽐내다가 결국 여신인 아테나와 실력을 겨루게 되지요. 아라크네는 실력은 뛰어났지만 신들을 조롱하는 작품을 만드는 바람에 아테나를 무척 화나게 했어요. 결국 아라크네는 거미로 변하는 벌을 받게 되었어요.

〈아라크네의 우화〉, 디에고 벨라스케스, 1657년

🎵 아크로폴리스

고대 그리스에는 '폴리스'라는 도시 국가가 있었어요. 수백 개나 되는 폴리스는 각각 독립적인 국가로 운영되었지요. 높은 언덕에 있는 아크로폴리스는 종교와 정치의 중심지였고 공공 광장인 아고라에서는 시민들의 경제생활과 예술 활동이 이루어졌어요. 그리스 사람들은 아크로폴리스에 신전을 짓고 수호신을 모셨어요.

아테네의 아크로폴리스

🎵 데우칼리온의 방주

프로메테우스의 아들 데우칼리온은 아버지의 조언에 따라 거대한 방주를 만들었어요. 얼마 뒤 제우스는 인간들을 벌하려고 대홍수를 일으켰어요. 데우칼리온과 그의 아

노아의 방주 모형

내 피라는 방주 덕분에 유일하게 살아남은 인간이 되지요. 이 이야기는 기독교의 '노아의 방주' 이야기와 아주 비슷하답니다.

지하 세계로 납치된 페르세포네

페르세포네는 제우스와 데메테르 사이에서 태어난 딸이에요. 저승의 신 하데스에게 납치되어 지하 세계로 끌려갔지만, 데메테르가 제우스에게 강력히 요청하여 땅 위로 다시 돌아올 수 있었어요.

하지만 그전에 하데스가 준 석류를 한 알 먹는 바람에 일 년 중 네 달은 지하 세계에서 살아야 했지요. 지하 세계의 음식을 입에 대면 그곳을 떠날 수 없다는 법 때문이었어요. 데메테르는 딸 페르세포네가 지하 세계로 가면 슬픔에 빠져 땅을 돌보지 않았어요. 하지만 딸이 곁에 있는 동안에는 기쁨에 넘쳐 온 땅을 생명으로 가득 채웠답니다.

〈페르세포네〉,
단테이 게이브리얼 로세티,
1874년

〈페르세포네의 납치〉, 요제프 하인츠 디 엘더, 1595년경

신화 퀴즈

신과 인간

신에는 ○표, 인간에는 △표를 해 보세요.

 ❶ 제우스
 ❷ 판도라
 ❸ 디오니소스
 ❹ 페르세포네

 ❺ 바토스
 ❻ 헤르메스
 ❼ 아라크네
 ❽ 아레스

선 연결하기

누구에 관한 설명인지 선으로 연결해 보세요.

❶ 데우칼리온   ❷ 아폴론   ❸ 데메테르

㉠ 거대한 뱀 피톤을 화살로 쏘아 죽여, 어머니 레토의 복수를 했어요.

㉡ 커다란 방주를 만들어서 대홍수에서 살아남았어요.

㉢ 하데스가 딸 페르세포네를 지하 세계로 데려가자, 제우스를 찾아가 따졌어요.

그림 보고 떠올리기

그림을 보고 떠오르는 이름을 <보기>에서 찾아 써 보세요.

<보기> 헤르메스   판도라   디오니소스   아르테미스

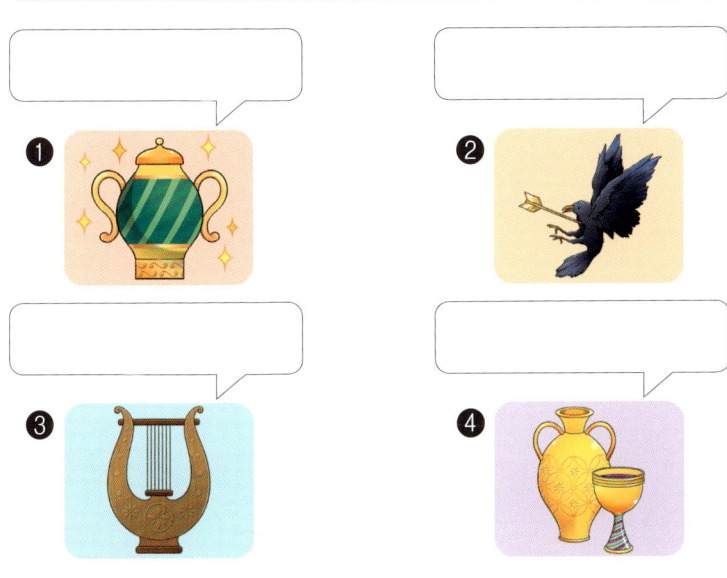

OX 퀴즈

❶ 에피메테우스는 인간에게 불을 전해 주었어요.　O　X

❷ 판도라의 항아리에 끝까지 남은 것은 희망이었어요.　O　X

❸ 헤라는 레토가 제우스의 아이를 낳도록 도왔어요.　O　X

❹ 신들을 조롱한 아라크네는 개미가 되었어요.　O　X

상상하기

여러분이 불과 대장장이의 신 헤파이스토스라면, 누구에게 어떤 신기한 물건을 만들어 주고 싶은지 상상해서 써 보세요.

신들의 이름

그리스식	로마식	영어식	별칭
제우스	유피테르	주피터	최고의 신
헤라	유노	주노	결혼과 가정의 여신
포세이돈	넵투누스	넵튠	바다의 신
데메테르	케레스	세레스	곡식과 농사의 여신
아프로디테	베누스	비너스	사랑과 아름다움의 여신
아테나	미네르바	미네르바	지혜와 전쟁의 여신
아폴론	아폴로	아폴로	태양 · 음악 · 예언의 신
아르테미스	디아나	다이애나	사냥과 달의 여신
헤파이스토스	불카누스	벌컨	불과 대장장이의 신
아레스	마르스	마스	전쟁의 신
헤르메스	메르쿠리우스	머큐리	전령과 상업의 신
디오니소스	바쿠스	바커스	술과 축제의 신
헤스티아	베스타	베스디	불과 화로의 여신
하데스	플루톤	플루토	저승의 신
에로스	큐피드	큐피드	사랑의 신
니케	빅토리아	나이키	승리의 여신
가이아	텔루스	어스	대지의 여신
우라노스	카일루스	유러너스	하늘의 신
크로노스	사투르누스	새턴	시간의 신

신들의 계보

신들의 탄생

- 카오스
  - 가이아
    - 오레
    - 폰토스
    - 우라노스
      - 에리니에스
      - 기간테스
      - 아프로디테 ★
      - 티탄: 크로노스, 레아, 오케아노스, 테티스, 코이오스, 포이베, 히페리온, 테이아, 테미스, 므네모시네, 이아페토스, 크레이오스
      - 키클롭스
      - 헤카톤케이레스
  - 타르타로스
  - 에레보스
  - 닉스

- 이아페토스 — 클리메네
  - 아틀라스
  - 메노이티오스
  - 프로메테우스
  - 에피메테우스

★ 올림포스 열두 신

🌸 올림포스 신들

```
                크로노스 ─── 레아
                    │
    ┌──────┬────────┼────────┬──────┐
  헤스티아 데메테르 제우스★─헤라  하데스 포세이돈★
            │        │
         페르세포네   │
            │        │
    ┌───────┼────────┼───────┐
 헤파이스토스 아레스  헤베  에일레이티아
```

🌿 제우스 관계도

```
  제우스★─메티스            제우스★─레토
         │                        │
        아테나               ┌────┴────┐
                           아폴론★   아르테미스

  제우스★─세멜레             제우스★─마이아
         │                        │
       디오니소스★                 헤르메스

  제우스★─알크메네            제우스★─테미스
         │                        │
       헤라클레스              ┌───┴───┐
                            모이라이  호라이
```

글 양태석
서울예술대학에서 문학을 공부했고, 1991년 월간 〈문학정신〉에 단편소설이 당선되었습니다. 잡지사와 출판사에서 일했고, 지금은 소설과 동화를 쓰고 있습니다. 쓴 책으로는 소설집 《다락방》과 동화집 《아빠의 수첩》, 《사랑의 힘 운동본부》, 《책으로 집을 지은 악어》 등 30여 권이 있습니다.

그림 조성경
일러스트레이션을 전공했으며 캐릭터 디자인, 웹툰, 이모티콘 등 다양한 분야에서 활동 중입니다. 주요 작품으로는 카카오톡 이모티콘 '판다! 두부의 생활 일기', '스마일 재스민'이 있으며, 그린 책으로는 「내가 만드는 팝업북」 시리즈, 「미니미니 만들기」 시리즈 등이 있습니다.

그리스 로마 신화
❷ 인간의 탄생과 올림포스

2021년 8월 5일 1판 1쇄 발행

글 양태석 | 그림 조성경
펴낸이 문제천 | 펴낸곳 ㈜은하수미디어
편집진행 문미라 | 편집 옥수진, 박예슬
디자인 김지수, 권은애 | 디자인 지원 김지언 | 제작책임 이남수
주소 서울시 송파구 송이로32길 18, 405 (문정동, 4층)
대표전화 (02)449-2701 | 팩스 (02)404-8768 | 편집부 (02)3402-1386
출판등록 제22-590호(2000. 7. 10.)
ⓒ2021, Eunhasoo Media Publishing Co., Ltd.

이 책의 저작권은 ㈜은하수미디어에 있으므로 무단 전재 및 무단 복제를 금합니다.

주의! 종이가 날카로워 손을 베일 수 있으므로 주의하십시오.
파본은 구입처에서 교환해 드립니다. 사용 중 발생한 파손은 교환 대상에 해당되지 않습니다.

* 사진 출처 Shutterstock, Wikimedia Commons

그리스 로마 신화 캐릭터 카드 ①

특별 부록

그리스 로마 신화 캐릭터 카드 ②

특별부록

POWER 91 · 헤르메스 · 8 · 전령과 상업의 신 · 9

날개 달린 모자와 신을 착용하고 어디든 날아다니며 소식을 전해요.

POWER 96 · 아레스 · 9 · 전쟁의 신 · 9

성격이 난폭하고 싸움을 좋아해요. 전쟁이 일어나도록 부추기기도 해요.

POWER 82 · 헤파이스토스 · 7 · 불과 대장장이의 신 · 8

불을 이용해 금속을 다루는 솜씨가 뛰어나요. 아프로디테의 남편이에요.

POWER 87 · 데메테르 · 5 · 곡식과 농사의 여신 · 7

페르세포네의 엄마예요. 풍년을 비는 많은 사람의 존경을 받아요.